LE ROI LE SAGE ET LE BOUFFON

SHAFIQUE KESHAVJEE

LE ROI LE SAGE ET LE BOUFFON

LE GRAND TOURNOI DES RELIGIONS

SEUIL

Couverture : Joëlle Jolivet

ISBN 2-02-031550-5

Le Roi dit alors :

– Nobles délégués [...] Toute la sagesse multicolore de la terre est récapitulée en vos personnes. Et pour la première fois dans l'humanité, la quintessence de ces expériences et de ces connaissances est rassemblée et offerte avec simplicité à d'autres...

Le Roi de mon pays m'a demandé d'écrire ce livre pour vous. En fait, pour vous et pour lui. Pourquoi ? Parce que des événements inattendus ont troublé la vie de son Royaume et qu'il a souhaité connaître votre opinion de lecteur ou de lectrice. A la fin du Tournoi relaté dans ce livre, le Roi dut prendre une décision importante. Mais il a désiré recueillir l'avis de son peuple et de toutes les populations alentour qui souhaiteraient exprimer le leur. Les journaux ont leur « courrier des lecteurs » ; le Roi a suggéré qu'éventuellement soit rédigé un « livre des lecteurs » à partir de vos commentaires. Merci de les envoyer à l'adresse indiquée à la fin du récit.

Sans tarder, je veux vous raconter ce qui s'est passé dans notre Royaume. Tout a commencé, il y a plus d'une année déjà, comme dans un conte…

Dans un pays lointain

Dans un pays lointain, vivait un peuple paisible. Les vagues sales et houleuses des problèmes du monde ne s'échouaient que rarement sur ses belles plages chaudes et maternelles. Isolés de tout, et fiers de l'être, ses habitants consacraient l'essentiel de leur temps au travail et à la famille, aux loisirs et aux amis.

Or, depuis un certain temps, quelque chose d'indéfinissable avait changé. Les fleurs n'avaient plus le même parfum et le miel avait perdu de sa douceur. Les enfants continuaient bien à jouer dans les ruelles ensoleillées, mais leurs rires n'avaient plus la même spontanéité. L'atmosphère était devenue lourde, comme habitée par le grondement sourd qui annonce un gros orage.

Dans ce pays vivait un Roi. Apprécié de tous, il était fier de ses réalisations. Chaque matin, se tenant sur le grand balcon du palais, il contemplait son Royaume. Une profonde satisfaction le remplissait alors. Contrairement à beaucoup de dirigeants de ce monde, hélas plus préoccupés par la sauvegarde de leurs privilèges que par le service de leur peuple, le Roi était doté d'une sensibilité extrême. Les fluctuations les plus minimes parmi ses sujets le faisaient vibrer. En lui-même il sentait de manière confuse l'insatisfaction qui gangrenait leurs relations, jusqu'aux racines, mais il n'en percevait pas les causes.

Parmi toutes les qualités du Roi, la plus importante était sa capacité à reconnaître ses propres limites. En toute circonstance épineuse, il n'hésitait pas à consulter celui que tous appelaient le Sage, un personnage pondéré, dont les conseils étaient d'or. Comme le Roi était assez avisé pour reconnaître les limites même de la sagesse, il aimait aussi interroger celui qu'il nommait avec affection le Bouffon. Admiré par le peuple pour son imprévisibilité et craint pour son cynisme, ce personnage haut en couleur était toujours habillé de noir.

L'histoire donc qui vous est contée relate avec précision les étonnantes aventures du Roi, du Sage et du Bouffon. Quant aux événements qui nous concernent dans ce récit, ils ont commencé un mois de mai, lors d'une banale nuit de pleine lune…

Le Bouffon

Le Bouffon était rentré fatigué chez lui. Et le ventre creux. Son humeur était encore plus noire que ses vêtements. Sa philosophie de vie était simple. Sans lassitude aucune, il la répétait à tous ceux qui voulaient bien l'écouter. Elle se résumait en trois mots : manger, dormir et se promener.

Or, ce soir-là, il avait très mal mangé. Alors même qu'il avait été dans un des restaurants les plus réputés du pays.

– Quelle limace, ce restaurateur ! grommela-t-il.

Un petit sourire malicieux toutefois se dessina sur son visage au souvenir de sa réplique. « Et ma viande, comment l'avez-vous trouvée ? avait demandé avec jouissance le Chef, anticipant l'inévitable compliment. – Oh, tout à fait par hasard, en déplaçant des petits pois... », avait répondu d'un air détaché le Bouffon. Comme les plats de certains grands cuisiniers, les boutades ne nourrissent pas un homme. Il avait encore faim.

Le Bouffon n'aimait pas son pays. Il percevait la quiétude du peuple comme un somnifère qui anesthésiait sournoisement ses potentialités. Pour marquer sa désapprobation, il aimait se promener aux heures de pointe en suivant Éloïse, sa tortue. Il se rendait alors au plus grand carrefour de la ville, et là il mettait parfois plus de vingt minutes à le traverser, au milieu d'un concert de klaxons. « Vous êtes toujours en mouvement, criait le Bouffon, alors que personne ne change ! Vous allez partout, mais aucun ne sait où il va. Vous circulez toujours plus vite, alors que pas un ne progresse. Mon Éloïse, à côté de vous, c'est Carl Lewis en personne ! » Malgré les cris d'indignation et la fureur des conducteurs, le Bouffon prenait tout le temps qu'il fallait pour suivre Éloïse jusqu'au trottoir d'en face. Et, paisiblement, il méditait sur la valeur de la lenteur dans un monde trop agité.

Depuis plusieurs années déjà, et bien avant les autres, le Bouffon avait pressenti que la tempête se préparait. Ses facéties avaient pour seul objectif d'avertir. Mais de quoi ? Lui-même ne le savait guère. Et pourtant il sentait que l'explosion était proche.

De mauvaise humeur, il se coucha. Et se prépara à une pénible nuit…

Le Sage

Le Sage était un homme remarquable. Dans sa jeunesse, il avait rencontré de nombreuses difficultés. Malgré celles-ci, ou peut-être grâce à elles, il avait réussi à déployer une personnalité riche et souple qui lui permettait d'affronter toutes les situations de la vie, même les plus complexes. Après ses études de philosophie et de physique, réussies brillamment, il s'était présenté pour un poste de professeur à l'Université. Pour des raisons tout à fait obscures, un autre candidat fut choisi.

« Une porte se ferme, une autre s'ouvrira », se disait-il avec une confiance qui le surprenait lui-même. Il avait appris à distinguer la ténacité de l'obstination : savoir insister et persévérer au bon moment, savoir aussi se retirer et renoncer quand il le faut. « La sagesse, se répétait-il, c'est laisser croître ce qui naît, savourer ce qui est mûr et laisser aller ce qui est mort. »

Son art de vivre fut récompensé. En effet, le Sage accéda aux plus hautes responsabilités dans le pays en devenant le conseiller personnel du Roi. Les circonstances de cette promotion, qui provoqua d'ailleurs bien des jalousies, sont secondaires dans l'histoire qui nous intéresse. Ce qu'il faut savoir néanmoins, c'est que le Roi avait apprécié dans la personne et les écrits du Sage son ouverture à toutes les recherches et à toutes les connaissances. Tout le fascinait. Son émerveillement était communicatif, et le Roi goûtait cette qualité avec bonheur.

Après une longue journée de travail, le Sage était rentré chez lui. Il savoura son repas, joua avec ses enfants et prit plaisir à entendre sa femme lui raconter les menus événements de la journée. Puis il se dirigea vers sa bibliothèque et choisit un ouvrage de Nietzsche qu'il n'avait pas relu depuis des années. Il se mit au lit et, après lecture de quelques pages, s'endormit en paix…

Le Roi

Quant au Roi, vous savez déjà qu'il était apprécié de ses sujets et que sa sensibilité était fine. Ce que vous ignorez en revanche, c'est qu'il aimait beaucoup le sport. Rien de bien original en cela. Si ce n'est que, étant le Roi, il arrivait que son amour démesuré pour les compétitions lui joue de mauvais tours. Le peuple se souvenait de la colère du président d'un pays voisin, qui, durant deux longues heures, avait dû attendre à l'aéroport que le Souverain vienne l'accueillir. Tout cela parce qu'un match de tennis avait été interminable et l'issue… passionnément indéterminée !

Le Roi était fier de son pays. N'eût été cette étrange morosité qui avait commencé à s'insinuer en tout lieu et à tous niveaux, il pouvait légitimement se vanter de ses réussites. Le pays connaissait encore peu de chômage. Politiquement, certes, la monarchie pouvait paraître anachronique. Cependant, les pouvoirs du Roi étant limités et le peuple se déplaçant de moins en moins pour voter, personne ne semblait vouloir contester un système qui avait fait ses preuves. Quant à la culture, il y avait bien quelques créateurs de génie, mais, comme ils étaient peu compris par le peuple, ils ne dérangeaient personne. Finalement, et surtout, il y avait le Sport, qui sert par excellence à canaliser les énergies et les agressivités potentielles ; c'était le ciment principal du pays. Les grandes idéologies de droite ou de gauche, des verts ou des rouges, ne fascinaient plus personne. Dans un monde de plus en plus interconnecté et en même temps de plus en plus individualisé, il appartenait à chacun de créer sa propre vision de l'univers.

Depuis de nombreuses années, beaucoup d'églises avaient dû fermer. Pourquoi ? Tout simplement parce que plus personne n'avait assez d'énergie pour se lever le dimanche matin. A quoi bon rencontrer des personnes mornes dans un lieu inconfortable et pourquoi subir un flot de paroles aussi incompréhensibles qu'ennuyeuses ? Mieux valait rester chez soi ou aller se divertir ailleurs. Bien des lieux de culte avaient été transformés en musées, voire en piscines.

En revanche, astrologues, numérologues, nécromanciens et devins en tout genre avaient prospéré. Comme leurs messages étaient *toujours* réconfortants – en effet, qui donc irait dépenser des sommes coquettes pour se faire bousculer ? –, et n'impliquaient dès lors aucune transformation profonde de la vie, ils connaissaient un succès certain. Le Roi lui-même les avait souvent consultés. Au début, il s'était senti enrichi par la connivence mystérieuse qui le reliait aux planètes, aux nombres et aux esprits d'ailleurs ; puis, peu à peu, la platitude de leurs discours lui avait fait prendre quelque distance. Mais il était heureux que son peuple jouisse d'une telle consolation, et surtout que cela ne coûte pas un centime à l'État ! Dans le passé, les Églises avaient été autrement plus chères.

Ce soir-là, comme à son habitude, le Roi se coucha, content de lui…

Le rêve

Par un ciel dégagé, la lune éclairait le Royaume d'une douce lumière.

A la différence du Bouffon, le Roi s'était endormi sans difficulté. De même, le Sage reposait paisiblement. Soudain, dans un silence subtil, une sorte de Présence discrète s'infiltra simultanément dans le sommeil des trois dormeurs.

Le Roi rêvait d'un match de football. A sa grande surprise, les joueurs s'immobilisèrent. Tous levèrent les yeux vers le ciel. Le Roi, étonné, fit de même. Et là, distinctement, il aperçut une Main sortir de nulle part et se mettre à écrire en lettres de feu des mots qui le bouleversèrent…

Le Sage, lui, s'était vu emporter aux Grisons, en Suisse, là même où Nietzsche avait séjourné. Au moment de pénétrer dans la maison du philosophe à Sils-Maria, il vit s'inscrire sur la porte d'étonnantes paroles…

Quant au Bouffon, il rêvait d'une gigantesque pizza qui allait enfin lui être servie quand, tout à coup, la Main griffonna sur la nappe des lettres incompréhensibles…

Tous trois se réveillèrent en sursaut.

Se sentant oppressé, le Roi transpirait et frissonnait en

même temps. Après un moment de réflexion, et malgré une scrupuleuse hésitation, il téléphona au Sage. A son grand étonnement, il le trouva réveillé et pas du tout surpris d'être dérangé en pleine nuit. Le Roi, évoquant son rêve, lui demanda de venir à l'instant le rejoindre au palais. Sans poser de questions, le Sage acquiesça. Il avait senti la gravité de la situation. Il eut à peine le temps de s'habiller que, pour la deuxième fois, le téléphone sonna. Cette fois, c'était le Bouffon.

– Ah ! Tu es en vie ! s'exclama-t-il, soulagé. Ce n'était donc qu'un stupide rêve.

– Comment ? Toi aussi ?

– Pourquoi, moi aussi ?

– Je n'ai pas le temps de t'expliquer. Viens nous rejoindre au palais. Le Roi m'y appelle.

Une demi-heure plus tard, ils étaient réunis dans le salon privé du Roi. Très ému, le Souverain dévoila son rêve. Au moment de faire connaître ce qu'il avait lu dans le ciel, il dut reprendre son souffle.

– J'ai vu alors une main écrire : "Comme la lune, ton peuple doit mourir." Et c'était signé "ANY". Qu'est-ce que cela peut bien vouloir dire ? Et qui c'est cet "ANY" ?

En entendant ce message, le Sage fut comme pétrifié. Pressé par le Roi d'expliquer son désarroi, il murmura :

– Moi aussi, j'ai fait un rêve mystérieux. Et voici ce que j'ai pu lire : "Comme le peuple, ton Roi doit mourir." Et c'était signé "AYN".

– "ANY"...

– Non, "AYN", j'en suis certain. Il y avait même un post-scriptum : "Cherchez l'aiguille et vous vivrez."

Le Roi était abattu.

– Moi, mourir ? soupira-t-il avec angoisse.

– Non seulement le peuple et vous, mais aussi le Sage et moi, enchaîna le Bouffon. Dans mon songe stupide, j'ai vu une main écrire : "Comme le Roi et le Sage, tu dois mourir." Et c'était signé "DIEU". Si au moins le farceur m'avait laissé le temps de manger ma pizza…

Le trouble

Inutile de vous dire que nos trois héros ne se recouchèrent pas cette nuit-là. Mille questions fusaient dans leurs têtes ébranlées. La simultanéité des trois messages ne pouvait être le fruit du hasard. Pourquoi cette annonce brutale d'une mort à venir ? Pourquoi « comme la lune » ? Qui était donc ce mystérieux « ANY » ou « AYN » ? Et qu'est-ce que « DIEU » venait faire là-dedans ?

A l'aube, le premier réflexe du Roi fut de rassembler ses astrologues et ses devins. Mais aucun d'eux ne put l'éclairer. Le Bouffon semblait persuadé que tout cela n'était qu'une coïncidence absurde ; cependant, au fond de lui, quelque chose murmurait le contraire.

Le Sage sans cesse repassait le rêve dans sa tête. Les Grisons, la maison de Nietzsche, ces paroles sur la porte… Il se souvint alors de Mircea Eliade, qu'il avait lu dans sa jeunesse. « Tout est signe, avait écrit en substance le philosophe des religions roumain. Tout est *hiérophanie*, manifestation du Sacré. Encore faut-il savoir regarder… » N'étant pas très croyant lui-même, le Sage n'avait pas approfondi cet enseignement. Mais, en ce moment de quête, ces paroles commencèrent à s'éveiller en lui. Il eut alors l'intuition de relire la page de Nietzsche sur laquelle, la veille, il s'était endormi. Après avoir cherché le livre, il la lut au Roi et au Bouffon :

– "N'avez-vous pas entendu parler de cet homme insensé qui, ayant allumé une lanterne en plein midi, courait sur la place du marché et criait sans cesse : 'Je cherche Dieu ! Je cherche Dieu !' – Et comme là-bas se trouvaient précisément rassemblés beaucoup de ceux qui ne croyaient pas en Dieu, il suscita une grande hilarité. L'a-t-on perdu ? dit l'un. S'est-il égaré comme un enfant ? dit un autre. Ou bien se cache-t-il quelque part ? [...] L'insensé se précipita au milieu d'eux et les perça de ses regards. 'Où est Dieu ? cria-t-il, je vais vous le dire ! *Nous l'avons tué* – vous et moi ! Nous sommes tous ses meurtriers ! Mais comment avons-nous fait cela ? Comment avons-nous pu vider la mer ? Qui nous a donné l'éponge pour effacer l'horizon tout entier ? Qu'avons-nous fait, à désenchaîner cette terre de son soleil ? [...] Ne sommes-nous pas précipités dans une chute continue ? [...] N'errons-nous pas comme à travers un néant infini ? Ne sentons-nous pas le souffle du vide ? Ne fait-il pas plus froid ? Ne fait-il pas nuit sans cesse et de plus en plus nuit ? Ne faut-il pas allumer les lanternes dès le matin ? N'entendons-nous rien encore du bruit des fossoyeurs qui ont enseveli Dieu ? Ne sentons-nous rien encore de la putréfaction divine ? – les dieux aussi se putréfient ! Dieu est mort ! Dieu reste mort ! Et c'est nous qui l'avons tué !'"

A l'écoute de cette page, le Roi fut saisi d'effroi. Tant de puissance en si peu de mots…

– Dieu est bien mort ? demanda le Roi.

– Non seulement il est mort, mais il n'est jamais né,

répondit le Bouffon. Ou plutôt, il naît dans l'esprit des ignorants et meurt dans celui des savants.

En entendant le Bouffon, le Sage se remémora l'anecdote suivante :

– Un de mes professeurs avait écrit sur sa porte : "Dieu est mort", signé "Nietzsche". Malicieusement, un étudiant avait ajouté : "Nietzsche est mort", signé "Dieu".

Le Roi, troublé, fit remarquer la similitude de style entre cette boutade et les messages qu'ils avaient eux-mêmes reçus.

– La mort de l'homme… serait-elle liée à la mise à mort de Dieu ? Et la superficialité comme l'insignifiant qui se sont infiltrés dans mon peuple… seraient-ils en relation avec la perte d'un sens profond à la vie ?

En entendant cette envolée de pensées métaphysiques, le Bouffon prit peur :

– Ah non ! Vous n'allez pas vous nourrir de ces niaiseries.

Mais déjà le Roi ne l'écoutait plus. S'étant levé et approché de la fenêtre, il observa son pays.

– Je leur ai donné du travail et des loisirs, du pain et des jeux. Mais ce qui manque peut-être à mon peuple, c'est un *Sens* qui les oriente. Mon peuple a besoin d'une vraie religion !

Convocation du « Grand Tournoi des religions »

– Laquelle ? demanda le Bouffon d'un air sournois. La juive, la chrétienne ou la musulmane ? L'hindoue ou la bouddhiste ? La shintoïste, la taoïste ou la confucianiste ?

Ou toutes peut-être ? Ou alors aucune d'entre elles ? Ah ! J'ai une idée. Si nous en inventions une nouvelle ? Ô Roi, vous serez notre Dieu et je serai le grand prêtre. Toutes les offrandes que je récolterai, nous les partagerons. Disons une moitié pour vous et l'autre pour moi. D'accord ?

– Tais-toi, Bouffon. Tu ne sais pas ce que tu dis.

Mais le Roi resta perplexe. En effet, laquelle choisir pour son peuple ? Le Bouffon n'avait pas tout à fait tort.

Le Sage ne s'était pas attendu à ce que leur entretien prenne une telle tournure.

Soudain, le visage du Roi s'illumina :

– Et si nous invitions des dignes représentants de toutes les religions à venir nous présenter leur croyance ? Nous pourrions alors choisir la meilleure ! Le peuple pourrait assister aux débats et aurait son mot à dire. Toi, le Sage, je te verrais bien comme modérateur.

– Et moi ? glissa le Bouffon. Je pourrai participer à ce concours ? Je suis sûr de gagner la médaille d'or !

Emballé par son projet, le Roi n'avait même pas perçu l'ironie de la question.

– Des médailles ! Excellente idée. Puisque notre pays n'a jamais eu l'honneur d'organiser des Jeux olympiques pour les dieux du stade, nous mettrons sur pied le premier Grand Tournoi des religions ! Du sport, il va y en avoir !

– Si j'ai bien compris mon Roi, demanda le Sage, les "JO" qu'il propose sont des sortes de "joutes oratoires" ?

– Exactement !

– Mais qui allez-vous inviter ?

– Bonne question, répondit le Roi. Eh bien, tout simplement le chef de chaque tradition religieuse !

Le Sage secoua lentement la tête :

– Si vous invitez les plus hauts dignitaires, le danger est trop grand que le dialogue tourne court. Chacun risque de présenter sa tradition en taisant ce qui en elle est indigne et pose problème.

– Si j'ai bien compris le Sage, dit non sans cynisme le Bouffon, le propre d'un haut dignitaire, c'est de taire avec dignité ce qui est bassement impropre ?

– Que faut-il faire alors ?

– Je suggère, poursuivit le Sage, de solliciter de chaque tradition une personne relativement jeune, disons de moins de quarante ans, la connaissant pourtant bien, et qui soit apte à la présenter de manière ouverte et critique. Libre aux religions de proposer leur champion.

– Combien de concurrents y aurait-il ? relança le Bouffon. Si vous alignez toutes les religions, tous les nouveaux mouvements religieux et toutes les sectes, il y aura plus de personnes sur la piste de départ que dans le public !

– Je suggère alors, pour ces premières "joutes oratoires", poursuivit le Sage, d'inviter cinq grandes traditions religieuses : la juive, la chrétienne, la musulmane, l'hindoue et la bouddhiste. Rien ne nous empêche une autre année d'inviter d'autres concurrents.

La proposition plut au Roi, mais non au Bouffon.

– Moi aussi, j'ai une suggestion, déclara-t-il. Il n'est pas juste que dans ces "JO" aucun libre-penseur ne puisse s'exprimer. Je propose donc qu'un sixième concurrent soit invité… et qu'il soit athée !

Le Roi et le Sage trouvèrent que l'idée, pour une fois, n'était pas stupide.

Le jour même, des lettres de convocation furent

envoyées aux hauts responsables des cinq religions susmentionnées, sans oublier celle à destination de l'Union mondiale des libres-penseurs.

Choix des candidats

Embarrassés, tous ceux qui avaient reçu une lettre l'étaient.

Le cardinal catholique, au Conseil pontifical pour le dialogue interreligieux, à Rome, se sentit à la fois flatté d'avoir été invité et gêné par rapport à ses confrères orthodoxes et protestants, qui, eux, ne l'avaient pas été. Après consultation du pape, il faxa une dépêche au Conseil œcuménique des Églises à Genève et au Patriarcat de Constantinople.

Le secrétaire général de la Ligue mondiale musulmane prit contact avec le recteur de l'université al-Azhar au Caire. Le président du Congrès juif mondial eut un réflexe similaire : il consulta une de ses bonnes connaissances, professeur à l'université hébraïque de Jérusalem, située sur le mont Scopus.

Le dalaï-lama eut la sagesse d'envoyer une copie de la lettre à plusieurs de ses amis bouddhistes résidant au Sri Lanka, en Thaïlande, au Japon ainsi que dans d'autres pays du Sud-Est asiatique. Par quels chemins précis la Fédération bouddhiste mondiale, l'Amitié mondiale des bouddhistes et la Communauté mondiale des moines bouddhistes furent-elles toutes mises au courant, personne ne le sait exactement. Toujours est-il que la nouvelle de la convocation leur parvint.

Encore plus obscur fut le processus de consultation parmi les hindous. Lorsque l'ordre de Râmakrishna, à Belur Math près de Calcutta, reçut l'invitation, plusieurs *swamis* célèbres en furent immédiatement informés. Quels ont été leurs débats ? On ne le sait toujours pas.

Quant au président de l'Union mondiale des libres-penseurs, il avisa directement les membres de son comité éparpillés aux quatre coins de la terre. Un double de sa lettre fut même envoyé à l'Union rationaliste et à l'International Humanist and Ethical Union fondée par Sir Julian Huxley.

Inutile de dire que l'invitation à un « Grand Tournoi des religions » bouscula tous les organismes qui furent invités. Et peut-être plus encore ceux qui ne l'avaient pas été, mais avaient eu vent de l'affaire : la rivalité est hélas universelle…

De multiples questions se posaient aux uns comme aux autres. Qui pouvait avec légitimité parler au nom d'une religion – ou de l'athéisme ? Quel représentant envoyer qui connaisse bien les différentes orientations existantes au sein de chaque vision du monde et qui soit capable de les présenter valablement aux autres ? Fallait-il boycotter ce Tournoi ? Mais si les autres invités ne le faisaient pas, pouvait-on prendre le risque de ne pas être présent ?

Pendant des mois, les tractations internes furent houleuses. Entre bouddhistes du Theravâda, du Mahâyâna et du Vajrayâna, entre hindous shivaïtes, vishnouïtes et shaktites, entre musulmans sunnites et chiites, entre juifs conservateurs, orthodoxes et libéraux, entre chrétiens catholiques, orthodoxes et protestants. En vain, ils demandèrent au Roi de pouvoir envoyer plusieurs délégués. Celui-ci, tenant compte de l'avis du Sage, insista sur la nécessité de déléguer un seul représentant par tradition. Il argumenta en disant qu'il était suffisamment complexe de confronter six points de vue différents sans qu'il faille encore compliquer la tâche en faisant intervenir de multiples nuances au sein de chaque vision du monde. Il ajouta même que si une religion n'était pas capable d'être unie, comment pouvait-elle unir son peuple ?

Il s'en fallut de peu que le Tournoi n'ait jamais lieu. C'était compter sans la Providence, le Destin ou le Hasard, qui étonnamment orienta les cœurs et les événements.

Ouverture des joutes

Le Roi était excité. Après tant de palabres et d'hésitations, d'attente et de tergiversations, enfin « ses » « JO » allaient débuter. Une année s'était écoulée depuis la nuit de leurs trois rêves.

– Te rends-tu compte, Bouffon ? Nous allons inaugurer le premier Grand Tournoi des religions de toute l'histoire de l'humanité !

– Peut-être sera-ce aussi le dernier, murmura l'homme en noir. Ils vont tellement s'entre-déchirer au nom de leurs vérités respectives que plus jamais ils ne voudront se rencontrer.

Un vieux cloître qui avait été transformé en salle de spectacle fut réaménagé pour accueillir le Tournoi. Au cœur d'une grande salle lumineuse bruissait une fontaine. Une estrade avait été dressée, qui pouvait accueillir le jury, composé de six personnes : trois hommes et trois femmes choisis au sein du peuple pour leur discernement. A côté d'eux se tenaient le Sage, grand modérateur du Tournoi, ainsi que le Bouffon. Au-dessus trônait le Roi, qui, d'un seul regard, pouvait voir et… être vu. Six places étaient réservées pour les « champions ». Le reste de la salle était disponible pour le public. Comme il se doit, chacun reçut un petit dossier avec l'horaire des joutes et une petite présentation synthétique des traditions religieuses qui allaient être défendues[1]. Toutes les places furent occupées bien avant le début des festivités. En hâte, il fallut improviser des espaces annexes et y assurer une retransmission audiovisuelle.

A quatorze heures précises, l'orchestre commença à jouer l'hymne composé pour l'occasion. Toutes les personnes dans la salle se levèrent pour saluer le cortège qui, incessamment, allait faire son apparition. Il faut signaler que le protocole avait fait l'objet d'une longue réflexion. Afin de ne pas heurter les susceptibilités, il avait été décidé que l'ordre alphabétique des noms des délégués déterminerait leur entrée. Or, étrangement, et alors même que l'orchestre jouait déjà depuis plusieurs minutes, personne n'apparut. Les gardes qui se tenaient au seuil de la porte d'honneur des concurrents se mirent à murmurer entre eux. Quelque chose n'allait pas. Puis, soudain, un homme à la démarche timide apparut. Contrairement à ce

1. En annexe, vous trouverez ces fiches de présentation élaborées par la *Plateforme interreligieuse de Genève* et aimablement mises à notre disposition (nous avons gardé la transcription des noms et des termes originale, qui diffère parfois de celle du Grand Tournoi des religions) ; nous remercions leurs auteurs, et en particulier Jean-Claude Basset, l'un des principaux concepteurs. Est joint en plus un tableau synoptique rappelant les grandes dates de l'histoire des religions.

qui était annoncé sur le programme, ce n'était pas le cheikh Ali ben Ahmed.

Dans les haut-parleurs, une voix clama avec beaucoup de théâtralité :

– Pour l'équipe du christianisme, le docteur Christian Clément, de Suisse.

Toute la salle applaudit, mais avec retenue. D'un pas hésitant, il alla s'asseoir à la place qui lui avait été réservée. Il fut immédiatement suivi par les autres concurrents.

– Pour l'équipe du judaïsme, le rabbin David Halévy, d'Israël... Pour l'équipe de l'hindouisme, le swami Krishnânanda, d'Inde... Pour l'équipe du bouddhisme, le maître et moine Rahula, du Sri Lanka... Et pour l'équipe de l'athéisme, le professeur Alain Tannier, de France.

A l'annonce du défenseur de l'athéisme, des personnes sifflèrent dans la salle et quelqu'un cria d'une voix tonitruante :

– Dehors, les infidèles ! Les sans-Dieu n'ont pas leur place ici ! Au nom d'Allah, sortez-le !

Tous les regards scrutèrent le lieu d'où provenaient ces vociférations. Son auteur était un homme barbu au teint basané.

Le Sage fut heurté par ce déroulement imprévu. Se levant avec détermination, il fit signe aux gardes de s'approcher du trouble-fête. Malgré sa violente résistance, il fut évacué de la salle. Le public était comme glacé. Certaines personnes même se levèrent et quittèrent la rencontre avec fracas. Pendant tout ce temps, Alain Tannier était resté calme, un léger sourire aux lèvres. Comme si le perturbateur était devenu, malgré lui, l'allié des thèses qu'il allait défendre.

Il appartenait au Roi d'inaugurer ces joutes. Ému par ce qui venait de se passer, il hésita à lire son discours. Décidant de l'abréger, il proclama sans la solennité à laquelle il s'était tant préparé :

– Au nom de mon peuple et de tous les hommes de bonne volonté, je déclare officiellement ouvert ce premier Grand Tournoi des religions. J'accueille avec une profonde gratitude les délégués qui ont accepté de représenter leurs diverses traditions et de se mesurer aux autres. Dans un esprit sportif, vous allez défendre vos propres perspectives et vous confronter à celles des autres. Puissent la Vérité et la Sagesse triompher dans ces joutes...

A ce moment, tout le public tourna la tête vers la porte d'entrée des délégués. Une jeune femme, d'une beauté troublante, y était apparue. Son corps était drapé d'un tissu soyeux et son visage rayonnait d'une paix intérieure. Un petit voile cachait et révélait une chevelure ondoyante et noire. D'une main discrète, elle soutenait un homme plus âgé, manifestement aveugle.

– Pour l'équipe de l'islam, le cheikh et imam Ali ben Ahmed, d'Égypte.

Le délégué musulman, avec le soutien gracieux de la jeune femme, se dirigea vers sa place. Puis d'un ton lent, mais plein d'assurance, il dit :

– Votre Altesse, monsieur le modérateur, mesdames et messieurs du jury, chers représentants des autres religions et de l'athéisme, je vous prie d'excuser mon retard ainsi que celui de ma fille aînée Amina, qu'Allah m'a donnée comme yeux et consolation. La séance d'ouverture du Tournoi a été placée à l'heure de notre troisième prière quotidienne. Comme tout bon musulman, je dois servir

Dieu avant les hommes. D'où mon décalage. Merci donc de votre compréhension.

Dans un profond silence, il s'assit. Le public fut conquis par la prestance, la foi et l'autorité de l'homme, comme il venait de l'être par le rayonnement et la discrétion de sa fille. Quant au Roi, il ne termina pas son discours. Il bafouilla quelques mots de remerciements. Certains furent adressés en particulier au Sage, à qui le Roi remit officiellement la présidence du Tournoi.

Présentation des épreuves

– Mesdames et messieurs, commença le Sage, nous allons vivre des moments historiques et décisifs pour notre pays, voire pour l'humanité. A l'issue de ces joutes, nous aurons à décider si nous voulons, oui ou non, d'une religion pour notre peuple, et, si oui, laquelle. Voici ce que nous demandons aux concurrents : ils doivent nous présenter dans un langage clair, compréhensible et convaincant le contenu de leur religion. Je remercie aussi le professeur Tannier pour sa participation. Son rôle est de nous rendre attentifs à des critiques importantes et fondamentales qui pourraient nous échapper. Nous allons procéder de la manière suivante : chacun, à tour de rôle et après tirage au sort, devra présenter le fondateur et les fondements de sa religion, un texte capital de sa tradition et une parabole significative. Après chaque présentation, les autres concurrents, s'ils le désirent, pourront prendre la parole et interpeller celui qui vient de s'exprimer. Selon le temps à notre disposition, le public aura aussi le droit d'intervenir. A la fin de toutes les présentations, le jury et le Roi auront à décider quelle religion ou vision du monde sera adoptée pour notre pays. Que le concours commence !

L'orchestre joua le refrain de l'hymne du Grand Tournoi. Pendant ce temps on procéda au tirage au sort. Alain Tannier fut le premier désigné ; à lui revint le redoutable privilège d'ouvrir les feux.

Profitant de ce petit moment de transition, le Bouffon se tourna vers le Sage et lui glissa à l'oreille :

– A part la jolie musulmane, qui de toute manière devra se taire, il n'y a aucune concurrente. Je croyais que les femmes étaient plus religieuses que les hommes. Mais dès qu'il s'agit de parler, c'est toujours la même moitié qui s'exprime !

– Bien observé, monsieur le Bouffon, rétorqua le Sage.

– Tu sais bien que j'ai raison. Mais heureusement Éloïse est là pour renforcer la présence féminine sur l'estrade.

Puis, avec beaucoup d'affection, le Bouffon caressa le cou de sa tortue.

La prestation de l'athée

Alain Tannier se leva avec calme et détermination. Professeur de philosophie dans une grande université parisienne, il lui arrivait souvent de faire des tournées de conférences en Amérique. Un large auditoire ne l'effrayait pas. Au contraire, il aimait ce mode de communication, qui lui permettait de donner le meilleur de lui-même. Ses concurrents le dévisagèrent avec une brume d'inquiétude dans les yeux. Stimulé par cette légère crainte, il se tourna résolument vers le jury et vers le Roi.

– Votre Altesse, mesdames et messieurs, permettez-moi tout d'abord de vous remercier. Suite à d'étranges rêves, venus soi-disant de Dieu ou plus simplement de l'inconscient collectif, vous avez choisi de faire appel aussi à un incroyant. Et je m'en sens honoré. Lorsque le comité de l'Union mondiale des libres-penseurs m'a sollicité pour ce Tournoi, j'étais fort perplexe. "Peut-il sortir quelque chose de bon de telles compétitions ?" me suis-je demandé. Or, me tenant aujourd'hui parmi vous, je n'ai plus l'ombre d'une hésitation. L'enjeu est tel qu'il fallait venir. Pourquoi m'a-t-on choisi ? Peut-être parce que j'ai fait des études complètes de théologie… avant de devenir athée.

Une vague d'étonnement, voire d'indignation, agita la salle. Seul le Bouffon jubilait.

– Je suis athée, poursuivit-il, et fier de l'être. Cela vous surprend-il qu'un théologien devienne athée ? Feuerbach, celui qui a inspiré Marx dans sa jeunesse, fut théologien avant de devenir un ardent défenseur du matérialisme. Même Staline a été un moment séminariste. Quant à Nietzsche, il était fils de pasteur et il avait commencé des études de théologie à Bonn. Peut-être avez-vous entendu parler des théologiens de la mort de Dieu ? Non ? Qu'importe. Je ne veux pas vous faire un cours d'histoire de l'athéisme de Démocrite à Sartre en passant par Darwin et Freud. Le modérateur a demandé de la clarté et de la simplicité. Je veux, moi aussi, aller à l'essentiel.

Alain Tannier respira profondément. Une expression grave et déterminée habitait son visage.

– Ô Roi, les hommes religieux vous parleront avec enthousiasme du meilleur de leurs textes et de leurs traditions. Or ce qui me rend perplexe, ce ne sont pas tant leurs paroles que leurs silences… "Dieu est Fidélité", vous diront les juifs. "Dieu est Amour", vous chanteront les chrétiens. "Dieu est Miséricorde", vous proclameront les musulmans. Or ce qu'ils "oublieront" de vous dire, c'est que leurs textes sacrés le décrivent aussi comme le "Dévastateur" (Ésaïe 13,6), comme un "Feu dévorant" (Épître aux Hébreux 12,29), comme Celui capable d'une "grande haine" envers ceux qui discutent à tort ses Signes (Coran 40,34s). Les hindous vous vanteront les mérites de leurs libérations spirituelles, mais ils ne souffleront mot des millions d'esclaves au sein et hors des castes, système d'oppression que plusieurs de leurs textes religieux justifient. Les bouddhistes vous feront découvrir leur grande compassion envers tous les êtres, mais évoqueront-ils les rivalités entre monastères et le sous-développement social et économique dans nombre de leurs pays ? Chaque jour dans le monde, six mille jeunes filles musulmanes, animistes et chrétiennes sont excisées ; toutes les quinze secondes, une fillette est donc mutilée à jamais dans son intimité. Il y a même des hommes qui justifient cette pratique au nom de leur religion. Alors que nous discutons métaphysique en ce lieu retiré, la Terre continue de tourner comme un manège déréglé. Et que disent les autorités religieuses contre ces atrocités ? Rien, ou si peu. Et quand elles parlent, souvent elles contribuent plus à aggraver les problèmes qu'à les résoudre.

« Ai-je besoin de rappeler que des millions d'hommes, de femmes et d'enfants sont morts dans des guerres de religion ? Tout cela vous le savez, ou devriez le savoir. Bien sûr que je connais la réponse de leurs dignitaires spirituels : “Les guerres, nous disent-ils, ne sont pas religieuses avant tout, mais politiques. Ce sont les politiciens qui utilisent l'argumentation religieuse pour justifier leurs actions et pour fortifier leurs troupes.” Cela est exact parfois, non pas toujours. Au nom de Vérités absolues, que de morts inutiles…

S'arrêtant quelques secondes pour avaler une grande gorgée d'eau, le professeur Tannier goûta en lui-même la fraîcheur de sa boisson ainsi que l'ivresse d'être écouté si attentivement.

Le Sage jeta un coup d'œil vers le Bouffon. Dans un silence recueilli, il était visiblement heureux que « son » candidat soit si performant.

– Non, Altesse, reprit le professeur. Je n'ai pas besoin de développer une longue argumentation pour montrer combien les religions maintiennent leurs fidèles dans un état d'anesthésie, d'infantilisme et d'irresponsabilité. Parmi toutes les questions irrésolues qui font de moi un athée, je n'en présenterai que deux.

Dieu n'existe pas

« Ma première difficulté concerne l'existence même de Dieu. Un de mes enfants, à quatre ans, me posait déjà la question suivante : "Si Dieu a créé le monde, qui a créé Dieu ?" Dieu serait la Cause *première* ? La Cause *ultime* des causes des causes ? Ma raison ne peut accepter cette fossilisation que serait l'arrêt à une cause sans causes. D'où en effet vient ce Dieu-là ? Jusqu'à ce jour, aucun théologien ou philosophe n'a pu me donner une réponse valable.

« Ma deuxième difficulté, qui, en ordre d'importance, est certainement la première, concerne l'invisibilité et l'inaudibilité de Dieu. Pourquoi, s'il existe, ne le voit-on pas et reste-t-il silencieux ? Les religieux me rétorquent que Dieu se serait révélé à des prophètes et à des voyants. Juifs, chrétiens et musulmans parlent dans leurs Écrits sacrés d'une "auto-révélation" de Dieu, et les hindous, de la *Shruti*, de la Voix éternelle *entendue* par les *rishis*, les poètes inspirés. Or tout cela date de siècles, voire de millénaires. Peut-être tous ces textes n'étaient-ils que des moyens pour justifier une cohésion sociale au nom d'une Vérité indiscutable ? Moi, ce qui me préoccupe, ce n'est pas ce qui s'est passé en des temps immémoriaux, mais bien ce que nous vivons aujourd'hui. Pourquoi *maintenant* Dieu, s'il existe, reste-t-il si caché et si discret ? Qu'il ne daigne pas se manifester dans la vie d'un pauvre professeur de philosophie, à la limite, cela je peux l'accepter. Peut-être suis-je trop ennuyeux pour lui. Mais qu'il puisse regarder sans broncher la souffrance des innocents est tout simplement intolérable. Que dis-je, *des* innocents ? Un seul enfant qui hurle de douleur pèse plus lourd dans la balance des arguments contre Dieu que toutes les bibliothèques théologiques de la terre. Mais je crains d'être trop abstrait encore.

Alain Tannier marqua un nouveau temps de pause, comme pour rassembler son énergie et la faire exploser dans sa dernière attaque.

– Dans un pays africain, mais cela pourrait se produire presque n'importe où dans le monde, une mère et ses deux enfants sont réveillés en pleine nuit. Le père, enrôlé pour la guerre, ne donne plus signe de vie depuis des mois. Est-ce lui qui rentre ? La vie va-t-elle enfin reprendre son cours normal ? Le jeune garçon pourra-t-il désormais jouir du regard de fierté que son père portera sur lui ? La jeune fille aura-t-elle enfin la joie d'épouser ce beau jeune homme qui la contemple avec tendresse ? La porte s'ouvre. Des soldats du camp ennemi font irruption dans la minuscule case en poussant des cris grossiers et railleurs. Ils se saisissent du garçon, sous les regards angoissés de la mère et de la fille. Devant elles, et excités par leurs hurlements, ils le tailladent avec leurs couteaux. Les jambes, le sexe, le ventre, le visage… Puis, hâtivement, ils fabriquent une potence, et ce qui reste du corps sanguinolent et déchiqueté est crucifié, là sur le bois… Vous avez l'estomac noué ? Mais ce n'est pas fini, écoutez la suite. Les soldats, ivres de folie et de joie, se saisissent de la jeune fille. Rageusement, ils lui arrachent ses vêtements. Avec leurs mains encore rouges de sang, ils souillent le corps de celle qui s'était réservée pour les caresses d'un mari aimant. L'un après l'autre, et pendant des heures, ils la violent, la déchirent, la brisent. Puis ils l'enchaînent et l'emportent avec eux en attendant de la vendre comme esclave à un bon père de famille, qui chaque jour dira ses prières. Dieu, s'il existe, comment peut-il supporter tout cela sans lever son petit doigt ? Et pourtant le ciel reste silencieux. Abominablement silencieux. “La seule excuse de Dieu, c'est qu'il n'existe pas”, avait affirmé Stendhal. En quoi il avait parfaitement raison.

« Ô Roi, et vous mesdames et messieurs du jury, méfiez-vous des hommes religieux, de leurs discours consolateurs et mielleux qui cachent en réalité une soif insatiable de pouvoir. Puisse votre pays être préservé de leurs réponses simples à des questions complexes, de leurs appels au divin qui mutilent en nous ce qui est précieusement humain.

Tout à coup, Alain Tannier s'interrompit et lentement s'assit. L'effet de surprise fut saisissant. Dans la salle, personne ne bougeait. Les délégués des différentes religions avaient baissé les yeux. Comme s'ils étaient en méditation ou en prière…

Confrontations

Le Sage brisa le silence. En quelques mots, il rappela les « règles du jeu » et donna la parole aux représentants des différentes traditions religieuses.

Le premier à se manifester fut le swami. Il se leva et, au grand étonnement de tous, quitta la salle. Désemparés, les organisateurs se consultèrent pour savoir comment réagir. Ils n'eurent pas le temps de prendre une décision que déjà le swami réapparaissait parmi eux. A la main, il tenait une fleur qu'il venait de cueillir dans le magnifique jardin du cloître. Sans dire un mot, il s'approcha d'Alain Tannier et dans un geste sobre et digne la lui remit. Puis il retourna à sa place. Le professeur de philosophie, embarrassé par cet acte, questionnait des yeux le swami. Celui-ci lui sourit longuement, mais n'ouvrit pas la bouche.

L'atmosphère commençait à devenir pesante. L'athée n'était pas le seul à avoir été surpris. Le concurrent bouddhiste, peut-être à tort, se sentit provoqué par ce geste. Il ressemblait trop à celui-là même du Bouddha, qui avait remis une rose à l'un de ses interlocuteurs. Au grand soulagement de tous, le moine prit la parole :

– Professeur Tannier, votre remarquable prestation nous a tous émus. En tant que bouddhiste, je dois vous dire que je me sens proche de votre analyse, tout en étant un homme religieux. Encore faudrait-il bien comprendre ce mot… Vous n'êtes pas sans savoir que le bouddhisme refuse la perspective d'un Dieu créateur du monde qui, s'il l'était, serait aussi responsable des souffrances de l'univers. Siddhârta Gautama, le Bouddha Shâkyamuni, est resté silencieux sur la question de ce que vous appelez "Dieu". Ce qui le préoccupait, et nous avec lui, c'est la souffrance, et plus précisément la libération de la souffrance. Cela dit, les bouddhistes ne nient pas la Réalité ultime. Celle-ci a même pu être appelée "Dieu" par certains. Ce qu'ils refusent, c'est de l'enfermer dans des catégories de pensée impropres à sa nature.

Alain Tannier était soulagé. Il déposa la fleur à côté de lui. Les quelques mots de maître Rahula lui permettaient de revenir au monde discursif, duquel le geste du swami l'avait inconfortablement décentré.

– Cher maître. Je connais mal la religion ou la philosophie bouddhiste. Plusieurs de mes collègues m'ont dit cependant que les conclusions de nos penseurs structuralistes rejoignent parfois les vôtres.

Le Sage intervint avec promptitude :

– Je rappelle aux concurrents qu'ils doivent absolument éviter de faire référence à des doctrines ou à des pensées abstraites, à moins qu'ils ne les expliquent avec clarté et simplicité au public.

Alain Tannier ne jugea pas utile de poursuivre maintenant le dialogue avec le moine bouddhiste. Il attendait avec impatience les échos des autres concurrents à sa sévère critique des religions.

Un univers orienté

Le rabbin Halévy, très ému, se leva.

– Monsieur le professeur, je suis juif. Et, contrairement au maître bouddhiste qui vient de s'exprimer, je crois avec tout mon peuple en un Dieu créateur – béni soit son nom. Quand, tout à l'heure, vous évoquiez la souffrance de cette famille africaine, je ne pouvais m'empêcher de penser à mes grands-parents, tués dans le camp de concentration de Treblinka, et à ce million et demi d'enfants juifs massacrés pendant la guerre. Nos nuits sont habitées par leurs regards suppliants, impuissants, éteints. Le matin, quand je me réveille, j'aimerais tenir un seul de ces petits dans mes bras et lui dire que je l'aime. Mais je me retrouve seul avec mes images d'horreur et leur réalité m'est à jamais inaccessible. Or, malgré la *Shoah*, ce désastre qui a décimé notre peuple, je crois et continue de croire dans le Créateur des cieux et de la terre, libérateur de toutes les formes d'esclavage, qui, en temps voulu, enverra son Messie, son Oint. Pour moi, ce n'est pas tant l'existence de Dieu qui pose problème, mais l'existence tout court. Comme l'ont demandé plusieurs des philosophes que vous connaissez bien : "Pourquoi y a-t-il quelque chose plutôt que rien ?" Supposons un instant – Dieu m'en pardonne – que Dieu n'existe pas ; acceptons un instant votre hypothèse. Que nous reste-t-il ? L'univers, avec sa merveilleuse complexité et ses âpres combats. Mais d'où vient-il ? Du néant absolu ? Impensable ! Comment, de *rien*, quelque chose pourrait-il sortir ?

Le Sage, interpellé par le raisonnement présenté et oubliant ses fonctions de modérateur, intervint dans le débat :

– Mais, monsieur le rabbin, les physiciens contemporains parlent volontiers du "vide quantique" originel duquel l'univers aurait évolué !

Du même coup, il avait aussi oublié ses propres exigences de simplicité.

– Peut-être, poursuivit David Halévy, mais ce vide n'est pas pur néant. C'est un potentiel, une latence. A l'origine, il y a bien *quelque chose*, une sorte d'énergie indescriptible, faite de "matière" et d'"antimatière", de laquelle l'univers va prendre forme. La seule question que je pose, c'est : d'où vient cette "énergie"-là ? Je répète l'interrogation fondamentale : "Pourquoi y a-t-il quelque chose plutôt que rien ?"

Ces questions, Alain Tannier les avait souvent abordées, mais sans oser les approfondir jusqu'à leurs dernières conséquences. Il saisit alors combien la raison humaine est puissante pour critiquer les divers points de vue, en l'occurrence les conceptions religieuses, et fragile pour créer une perspective pouvant résister à toute critique. Comme il tardait à répondre, le docteur Christian Clément prit la parole :

– La question que pose le rabbin Halévy me rappelle une anecdote rapportée par le pasteur Richard Wurmbrand, qui lui aussi a connu des souffrances indicibles durant ses nombreuses années d'emprisonnement en Roumanie. Un paysan russe chrétien, enfermé pour ses convictions religieuses, fut interrogé par ses tortionnaires : "Dis-nous qui a créé Dieu et nous te laisserons sortir d'ici." Après un moment de réflexion, le paysan leur aurait dit : "Si vous répondez à ma question, je répondrai à la vôtre. Quel est le nombre qui vient avant 1 ?" Que pouvaient-ils répondre ? 0 ? Mais 0 n'est pas tant un nombre que l'absence de nombre. Moins 1 ? Mais moins 1, c'est 1 regardé négativement... Non. Pour calculer, 1 est le point de départ incontournable. De même, induisait le paysan, Dieu est le “1” à partir duquel tout se pense et se vit. La question, dès lors, ne consiste pas tant à savoir si Dieu existe ou non, mais bien plutôt quel est ce “Dieu”, ce “1” à partir duquel tout existe.

Alain Tannier interrompit presque avec brutalité le chrétien :

– Là, vous allez trop loin ! Votre façon de jouer avec les mots égare plus qu'elle n'éclaire. Je veux bien reconnaître que, pour nous tous, l'origine de ce qui est demeure un mystère. Mais appeler “Dieu” cette origine première, c'est créer des confusions et récupérer théologiquement ce qui ne vous appartient pas. En tant qu'incroyant en Dieu, je veux bien admettre que je crois en une énergie dont l'origine m'échappe et de laquelle, par le hasard et les lois de la complexité, notre univers, tel que nous le connaissons, est né. Mais, de grâce, ne m'imposez pas une croyance en “Dieu” malgré moi.

Christian Clément n'eut même pas le temps de lui demander où ces « lois de la complexité » trouvaient leur source et comment, du hasard pur, un ordre quelconque pouvait naître que déjà le rabbin poursuivait son discours :

– Cher monsieur le philosophe, vous reconnaissez donc bien, puisque vous aussi vous postulez une énergie dont l'origine vous échappe, que la question de l'origine de ce que nous appelons “Dieu” peut aussi nous échapper. Ainsi, votre question sur la Cause première est sans réponses. Tout ce que nous pouvons dire, en tant que croyants ou incroyants, c'est que l'univers existe bel et bien à partir de causes qui échappent aussi bien à nous…

qu'à vous. Ce qui différencie les hommes religieux des autres, c'est que pour nous cet univers est *orienté*. Il est animé d'un *Sens*. Et c'est précisément ce "Mouvement orienteur", le mystère même de Dieu, que nous cherchons à accueillir avec humilité dans l'expérience religieuse.

Dieu plus grand

– Nous arrivons alors, reprit le professeur, à ma seconde question, qui est en fait la première : ce *Sens* dont vous parlez, s'il existe, pourquoi est-il tellement silencieux ? Vos arguments ne consolent ni la famille africaine dont j'ai décrit le drame ni les enfants juifs assassinés à Auschwitz.

Tous regardèrent vers le rabbin. Après quelques hésitations, il répondit :

– Je ne veux pas monopoliser la parole, mais puisque vous sollicitez encore mon avis, permettez-moi une fois de plus de vous retourner la question. Supposons encore un instant – Dieu m'en pardonne une nouvelle fois – que Dieu n'existe pas. D'où vient alors tout le mal dont l'homme est capable ? Vous êtes bien obligé de reconnaître qu'il vient de l'homme et de nulle part ailleurs. Le mal commis est un mal humain. Sur ce point, vous et moi, nous sommes d'accord. Ce qui m'émerveille chez les athées, du moins chez certains d'entre eux, c'est que, ayant perdu la confiance en Dieu, ils puissent continuer de la garder en l'homme. Comment trouver le courage de vivre encore sur cette terre si l'on est persuadé que l'humanité est totalement livrée à la monstruosité dont l'homme est capable ? Ce qui nous différencie des athées, c'est que, pour nous les croyants, le Mal, même dans toute son absurdité, ne sera jamais le dernier mot de l'histoire. D'où nous vient cette confiance, que certains qualifient d'"opium" ? De notre foi en ce "Mouvement orienteur" que nous nommons "Dieu". Plus encore, c'est l'expérience de ce "Mouvement" dans nos vies qui nous donne la foi.

Christian Clément était heureux d'entendre le rabbin formuler tant de choses qu'il aurait aussi pu dire. Même le cheikh Ali ben Ahmed approuvait son confrère juif et se demandait pourquoi tant d'inimitié les séparait encore. Le maître bouddhiste, en revanche, ne pouvait accepter une telle perspective ; mais il décida de ne pas intervenir. Quant au swami, le même sourire mystérieux éclairait son visage.

– Puisque tous n'ont pas cette foi, murmura Alain Tannier, cela signifie-t-il que ce "Mouvement orienteur", comme vous l'appelez, n'opère que chez certains élus ?

Le rabbin avait saisi que la critique du philosophe portait sur l'idée d'élection, si chère aux juifs, et que chrétiens et musulmans avaient reprise à leur compte.

– Tous sont élus à leur façon, répondit-il de manière laconique.

Le docteur Clément redemanda la parole :

– Depuis le siècle des Lumières, les Églises chrétiennes se sont opposées à l'athéisme. Mais peu à peu elles ont pris conscience que les sévères critiques contre l'institution ecclésiale et l'expérience religieuse pouvaient les aider à grandir, à purifier les images de Dieu et de l'humain. Pour nous chrétiens, l'athéisme a sa part de vérité.

Vous n'êtes pas sans savoir que les premiers chrétiens étaient considérés comme des athées car ils niaient les dieux de l'Empire romain en confessant le Dieu unique, seul Seigneur de l'univers. Georges Bernanos a reconnu qu'il fallait accepter la mise à mort de certaines de nos représentations du divin. Le Dieu-trousseau de clés, réponse à toutes nos interrogations, le Dieu-mouchoir, consolation de toutes nos souffrances, le Dieu-porte-monnaie, source de toutes les sécurités, eh bien, ce Dieu-là devait définitivement mourir. Freud a eu raison de mettre en évidence que les humains peuvent projeter sur Dieu leur vie inconsciente et les images qu'ils se font de leur père terrestre. De même Durkheim, en décrivant le sacré comme une projection de la vie des groupes ou des liens de société. Cela dit, pour nous, Dieu, le vrai Dieu, est toujours au-delà des représentations humaines.

Le cheikh Ali ben Ahmed, jusque-là silencieux, se leva de son siège avec le soutien d'Amina :

– Monsieur Tannier, si j'ai tardé à participer à ce débat, ce n'est pas parce que votre présentation m'a laissé indifférent. Loin de là. Il y a certes des musulmans qui ne supportent pas les athées et les jugent hâtivement. Même ceux-là, il faut essayer de les comprendre. Dans nos pays appelés à tort “musulmans” – aujourd'hui, aucun ne l'est vraiment –, nous n'avons pas connu comme en Occident une critique aussi sévère de la religion au nom de philosophies athées. Certes, il y a eu des débats mémorables où des athées ont pu exprimer leurs points de vue. Mais nos grands philosophes, les célèbres *falâsifa* hellénisants, qui ont tant contribué à faire connaître en Occident les philosophes grecs, ont pratiquement tous été des hommes religieux. C'était le cas d'al-Kindî, d'al-Fârâbî, d'Ibn Sînâ (Avicenne) et plus tard d'Ibn Ruchd (Averroès), pour ne citer qu'eux. Même al-Râzî, plus familièrement appelé Rhazès, connu pour ses critiques acerbes contre les soi-disant prophètes séduits par leur orgueil, n'était pas un matérialiste dans le sens occidental du terme. Pour nous musulmans, Dieu est tellement important que toute négation de son Être nous paraît impensable. Cela dit, dans notre *shahâda*, notre confession de foi islamique, nous redisons sans cesse : "Il n'y a pas d'autres divinités qu'Allah – Dieu." Notre credo commence par une négation. Pour pouvoir affirmer le vrai Dieu, il nous faut d'abord nier les faux dieux, et surtout les fausses représentations de Dieu. *"Allahu akbar"*, proclament un milliard de musulmans à travers le monde. Pour les moins éduqués, cela veut dire que "Allah est le plus grand", qu'il surpasse tous les dieux des autres religions. Mais *"Allahu akbar"*, cela veut dire que "Allah est plus grand", que Dieu est toujours plus grand que nos propres représentations de lui. A cause de cela, je peux rejoindre le docteur Clément, qui vient de s'exprimer. Je commence à croire, même si cet avis est encore très minoritaire chez les musulmans, que l'athéisme n'est pas forcément un ennemi de la vraie religion.

Paisiblement, le savant musulman s'assit. Christian Clément enchaîna presque aussitôt :

– Non seulement l'athéisme n'est pas forcément un ennemi pour nous, mais je dirais même qu'il peut être un allié dans notre quête continue de Dieu dans sa vérité. L'athéisme est un aiguillon qui nous empêche de nous figer. Lessing a dit : "La recherche de la vérité est plus précieuse que la vérité." En cela il avait tout à fait raison.

Alain Tannier était irrité. Il n'aimait pas la manière dont le docteur Clément englobait l'athéisme dans sa foi. Cela sentait trop la récupération. Mais il n'eut pas le temps d'exprimer ce qu'il sentait confusément en lui-même. Un jeune homme, dans le public, s'était levé avec violence. Son débit trop rapide révélait l'extrême pression intérieure qu'il n'arrivait plus à maîtriser.

Controverses

– Dieu n'est pas d'accord avec vous. M. Clément ne connaît pas personnellement Jésus, qui a dit dans l'Évangile de Jean au chapitre 14, verset 6 : "Je suis le chemin, la vérité et la vie. Personne ne vient au Père si ce n'est par moi." Un vrai chrétien, né de nouveau, n'a plus à rechercher la vérité. En Jésus, il l'a trouvée. Que cela plaise ou non aux autres, il doit aussi la leur annoncer. L'apôtre Pierre, le jour de la Pentecôte, a proclamé : "Il n'y a aucun salut ailleurs qu'en Jésus ; car aucun autre nom sous le ciel n'est offert aux hommes, qui soit nécessaire à notre salut." Ceci est écrit dans le livre des Actes des Apôtres, au chapitre 4, verset 12. Ailleurs, il est dit…

Le Sage interrompit avec fermeté le jeune homme :

– Monsieur, le public pourra s'exprimer tout à l'heure. Si vous n'acceptez pas de montrer un minimum de politesse et de respect envers ceux qui ne pensent pas comme vous, alors votre place n'est pas ici. Je ne tolérerai plus aucune intervention intempestive comme la vôtre. Docteur Clément, veuillez terminer ce que vous vouliez dire.

– Je vous remercie, mais j'avais terminé. Je répondrai au jeune homme quand viendra mon tour.

– Alors, monsieur le professeur Tannier, poursuivit le modérateur, souhaitez-vous nous communiquer encore quelque chose ?

La véhémence exclusiviste du jeune homme apportait bien plus d'eau à son moulin que ce qu'il aurait pu conclure lui-même.

– Non, je n'ai plus rien à dire, répondit-il en toute tranquillité.

– Alors la parole est donnée au public, puis au jury. Qui désire s'exprimer ?

Dans la salle, un homme d'un certain âge leva la main :

– C'est avec beaucoup d'intérêt que j'ai écouté le professeur Tannier. Ce qui m'étonne, c'est que, dans son plaidoyer, il n'ait pas parlé de la science, qui, comme tout le monde le sait, s'oppose à la religion. Pourrais-je connaître la raison de ce silence ?

Une jeune femme sollicita la parole.

– Votre question prolonge-t-elle celle qui vient d'être posée ? demanda le Sage.

– Tout à fait, répondit-elle. Ce n'est pas une question, mais une contribution. Le monsieur qui vient de s'exprimer n'est certainement pas au courant des dernières évolutions dans le monde scientifique. Moi-même j'ai étudié la physique à l'École polytechnique fédérale de Lausanne. Et là, une de mes amies a fait une petite enquête. Elle a demandé à tous les enseignants du département de physique s'ils croyaient en Dieu. Si je me souviens bien des chiffres, 60 % se sont dits croyants et les autres agnostiques. Peu de professeurs, sinon aucun, se sont déclarés athées. Les grands physiciens de ce siècle ont presque tous été religieux – songez à Einstein, à Heisenberg, à Max Planck et à bien d'autres. Ne devrait-on pas dire une fois pour toutes qu'aujourd'hui les sciences sont beaucoup plus humbles et qu'elles ne s'opposent plus aux religions ?

Le professeur Tannier décida alors d'intervenir :

– Je remercie vivement les deux personnes qui viennent de s'exprimer. Les chiffres donnés par mademoiselle, je ne les connaissais pas. En France, un sondage du *Nouvel Enquêteur* auprès de 239 chercheurs du Centre national de la recherche scientifique a révélé que 110 d'entre eux se disaient croyants, 106 incroyants et que 23 étaient dans le doute. La relation entre sciences et religions est un débat trop vaste pour que je l'aborde ici. Si je ne me suis pas référé à ce sujet dans ma prestation, c'est parce que effectivement, aujourd'hui, beaucoup de savants se disent croyants. Notez que ce n'est pas une preuve de l'existence de Dieu, car, en dehors de leur domaine de spécialisation, bien des scientifiques peuvent être extrêmement crédules. Ce que cela révèle, c'est qu'ils ont besoin d'une vision du monde plus vaste et plus reliée. Selon moi, ils se trompent en voulant trouver ce cadre de pensée au sein des religions.

La parabole d'un jésuite

Voyant l'heure avancer, le modérateur offrit la parole au jury pour une dernière intervention. Le plus réglementariste de ses membres s'exprima :

– Je constate que M. Tannier n'a pas répondu de manière construite et cohérente aux demandes formulées par le modérateur. Peut-être n'y était-il pas tenu. Je souhaite cependant lui demander s'il n'aurait pas une parabole à nous raconter.

Alain Tannier n'essaya même pas de s'excuser. Sa présentation ne pouvait entrer dans les catégories proposées par le Sage. Il répondit avec simplicité :

– Je ne suis pas très doué pour raconter des paraboles, mais il en est une, rapportée par le jésuite Anthony de Mello, que j'aime particulièrement.

Sentant l'étonnement d'une partie du public, il demanda avec un large sourire :

– Et pourquoi donc un athée ne pourrait-il pas citer un jésuite ? J'ai entendu un catholique dire un jour que s'il y a bien une chose que Dieu ne sait pas, c'est ce que pense véritablement un jésuite ! Puisque les jésuites sont passés maîtres dans l'art de nous citer pour mieux nous attaquer, pourquoi ne pourrai-je pas moi aussi me saisir de leurs armes ? Voici donc la parabole que je raconterai à ma manière.

« Il y a fort longtemps, dans une région désertique, les arbres étaient rares et les fruits poussaient avec difficulté. Un homme qui se croyait "prophète" transmit un ordre venant, disait-il, de Dieu. "Voici mon commandement pour tous : personne ne mangera plus d'un fruit par jour. Que ce soit écrit dans le Saint Livre. Quiconque transgressera cette Loi sera coupable d'une faute grave envers Dieu et envers l'humanité." Or, pour l'époque et le bien de la communauté d'alors, c'était le bon sens même. La Loi fut observée avec fidélité pendant des siècles, jusqu'au jour où les scientifiques découvrirent un moyen de transformer le désert en terre arable. Le pays devint riche en arbres fruitiers capables d'une productivité extraordinaire. Mais à cause de la Loi, scrupuleusement observée par les autorités religieuses et même civiles du pays, les arbres ployaient sous le poids des fruits non cueillis. "Un fruit par jour", était-il écrit. Quiconque dénonçait le péché contre l'humanité qui consistait à laisser pourrir tant de fruits était qualifié de blasphémateur. On disait de ces gens qui osaient mettre en doute la valeur et l'actualité de la Parole de Dieu qu'ils étaient guidés par une raison orgueilleuse et qu'ils étaient incapables de foi et de soumission, qui seules ouvrent l'esprit à la Vérité suprême. Comme le soi-disant "prophète" était mort depuis longtemps, personne ne pouvait l'interroger pour savoir si la Loi était encore valable alors que les circonstances avaient tellement changé. C'est pourquoi les autorités religieuses continuèrent d'exiger que la Loi "divine" soit appliquée. Au fil des années, de plus en plus de personnes se moquèrent de la Loi, de Dieu et de la religion. D'autres enfreignirent le commandement en secret, toujours avec mauvaise conscience. Quant aux "fidèles" qui s'en tenaient rigoureusement à la Loi, ils étaient persuadés d'être meilleurs que les autres, alors même qu'ils pratiquaient une coutume insensée et dépassée qu'ils n'avaient pas le courage d'abandonner. Voilà.

Recevoir une fleur

N'en pouvant plus de joie, le Bouffon se leva et applaudit bruyamment :

– Bravo, monsieur Alain Tannier ! Merci d'avoir été un

homme courageux ! s'exclama-t-il avec entrain. A propos, connaissez-vous cette histoire d'un évêque qui demanda un jour à un groupe d'enfants : "Mes fils et mes filles, qu'est-ce que le courage ?" Comme personne ne répondait, l'évêque leur dit d'un ton docte : "Eh bien, le courage, c'est quand vous êtes dans un dortoir d'enfants et que vous osez promptement sauter du lit pour vous mettre à genoux et dire votre prière avant de vous coucher... Quelqu'un aurait-il un autre exemple de courage à nous proposer ?" demanda-t-il, pas peu fier de lui. Timidement un garçon leva la main et dit : "Oui, moi j'ai un autre exemple. Le courage, c'est quand, dans un dortoir d'évêques, l'un d'entre eux, à l'heure du coucher, ose promptement sauter dans son lit, sans s'être mis à genoux pour dire sa prière !"

« Monsieur Tannier, votre courage au milieu de cette fosse aux lions d'hommes religieux a fortifié le mien. Vous avez été fidèle à vos initiales ! A. T. l'athée, soyez-en remercié !

Prenant Éloïse dans ses bras, le Bouffon se mit à exécuter une danse ridicule autour de la fontaine jusqu'à ce que le Sage lui demandât avec force de regagner sa place. Le calme revenu, il mit fin à la première compétition :

– En cette première journée de joutes, je tiens à vivement remercier monsieur le professeur Tannier et les autres concurrents pour leurs contributions. Vous avez tous enrichi notre réflexion.

Alors que le Sage finissait de parler, le swami se leva et se dirigea vers le professeur. Se saisissant de la fleur qu'il lui avait donnée auparavant, il la lui tendit en récitant ces mots :

– Un homme sans dieu est comme une fleur sans terre. Ses flétrissures ne viennent pas de l'Absolu, mais de son absolu déracinement.

Saluant avec respect le philosophe étonné, le swami sortit de la salle.

La première joute terminée, les membres du jury s'affairèrent encore de longues minutes afin de déterminer leurs notes. Rien de particulier n'ayant été prévu pour la soirée à cause de la fatigue des voyages, la plupart des « sportifs » et des spectateurs se couchèrent tôt.

La première nuit

Le Roi eut de la peine à s'endormir. Dans sa tête, et malgré tous ses efforts, plusieurs images fortes se bousculaient. La famille africaine brutalisée, la parabole des arbres fruitiers, la danse stupide du Bouffon, la belle Amina avec son père aveugle… et peut-être, par-dessus tout, le discours raté qu'il avait si médiocrement balbutié. La futilité de son regret le blessait encore davantage. « Nous sommes rassemblés pour décrypter nos songes et pour déterminer quelle vision du monde peut donner un sens à notre peuple, et moi je m'en veux d'avoir manqué de prestance lors de la cérémonie d'ouverture ! »

Le Roi comprit combien il se prenait lui-même pour le nombril du Royaume. Comme si tous les regards n'étaient fixés que sur lui. « Mais quel doit être le centre de mon pays ? se demanda-t-il alors. Tous les matins, mon peuple se lève, travaille, joue, mange, chacun vaquant à ses occupations. Puis, quand vient le soir, tous retournent se coucher. Puisque je ne suis pas le *centre rassembleur*, quel est-il ? Pour quoi, pour qui vivent-ils ? »

Travaillé par ces questions nouvelles, le Roi s'endormit avec peine.

Le Bouffon était fort satisfait de la journée. Les performances de « son » champion avaient été au-delà de ses espoirs les plus secrets. Heureux, il sauta dans son lit, sans s'être mis à genoux pour dire une prière...

Quant au Sage, il était assez content de lui. A part les interventions incontrôlables de quelques personnes du public, il avait bien maîtrisé cette première journée de joutes. Il est vrai, l'heure de la prière des musulmans n'avait pas été intégrée dans le programme. Mais le Sage avait pris la ferme décision d'en tenir compte pour les jours à venir. Excité et heureux, il se coucha en paix.

Alain Tannier fut le seul à ne pas pouvoir dormir de la nuit. Sa prestation avait été bonne – excellente même, selon le Bouffon. Mais pouvait-il réellement le prendre au sérieux ? Ce qui l'intriguait le plus, c'était la fleur du swami. La personne qui avait le moins parlé l'avait le plus bousculé. Une fleur... la terre... un homme... Dieu... L'image était triviale, trop simple, voire naïve. Et pourtant ! L'argumentation du rabbin aussi l'avait ébranlé. Dieu, non comme un Esprit quelque part dans un ciel imaginaire, mais comme « Mouvement orienteur » au cœur du réel. Il se souvint alors de l'« Élan vital » chez Bergson et de la « Fonction organisatrice de la vie » chez Piaget. Ce dernier, comme lui d'ailleurs, avait été chrétien avant de rejeter cette foi.

Comme dans la parabole qu'il avait racontée, Alain

Tannier était persuadé que le positif qui pouvait se trouver dans certains commandements religieux n'était que du bon sens justifié théologiquement. Subitement, dans sa tête et dans son cœur, le philosophe mit en relation ce « bon sens » qu'il aimait tant et le « Mouvement orienteur » du rabbin. Un doute s'infiltra dans ses convictions. « Et si, malgré tout, le positif dans l'histoire humaine était une sorte de révélation intérieure de ce "Mouvement orienteur" qui, à sa façon, chercherait à diriger l'humanité dans un sens… bon ? Et si Dieu était non pas un Esprit désincarné, voire fantomatique, mais une sorte de "Vibration de Vie" au cœur de l'humanité ? Mais pourquoi alors tant de guerres et de haines ? Et pourquoi tant de différences entre religions ? Il n'y a qu'une vérité scientifique, même si parfois cette vérité, comme en physique quantique, peut être apparemment paradoxale et contradictoire… »

Ces questions, comme de minuscules moustiques, harassèrent le philosophe jusqu'à l'aube.

La prestation du bouddhiste

Je fais grâce au lecteur de tous les détails touchant à l'organisation pratique de ce Tournoi. Ceux-ci pourtant sont loin d'être inintéressants. En ce qui concerne l'alimentation en particulier, il fallut beaucoup de souplesse et de sensibilité de la part des cuisiniers pour contenter tout le monde. Pas de vin pour les uns, pas de viande de porc ou de bœuf pour les autres ; telle manière de cuisiner pour les juifs, telle autre pour les musulmans. Une partie de la nourriture fut importée spécialement pour les « JO » et, pour le reste, les conseils avisés de certains ambassadeurs suffirent.

Après un petit déjeuner copieux, tous se rassemblèrent pour la deuxième journée des compétitions. Le hasard avait voulu que le concurrent bouddhiste soit désigné. Le Sage introduisit la journée par des paroles accueillantes, puis il invita le moine à venir s'exprimer.

Avec une grande prestance, maître Rahula, dans sa belle robe couleur ocre, se leva et se dirigea vers la fontaine.

Originaire du Sri Lanka, il avait beaucoup voyagé dans les contrées bouddhistes. Ainsi, au fil des années, il s'était intimement familiarisé avec les différentes écoles du bouddhisme. Du Tibet au Japon, en passant par la Thaïlande et le Vietnam, il avait pu côtoyer de nombreux maîtres qui l'avaient aidé à trouver sa voie. Connu pour son « œcuménisme » et pour la profondeur de sa méditation, il avait été choisi sans beaucoup d'hésitations par la World Buddhist Sangha, parmi le million de moines que recense l'organisation.

Rahula se mit en position de méditation. Il garda cette posture à peine quelques minutes, mais pour le public, moins familiarisé avec le silence intérieur qu'avec les bruits du monde, celles-ci parurent interminables. Certains s'ennuyaient déjà. D'autres entendirent pour la première fois le murmure apaisant de la fontaine.

Dans le jury, un homme était irrité. Il se tourna vers sa voisine et lui grommela :

– Je suis venu pour découvrir qui est le Bouddha et son enseignement, et cet homme s'enferme dans un mutisme inutile.

A ce moment, le moine sortit du silence et, le visage paisible, affirma d'une voix sereine :

– L'enseignement du Bouddha ne se réduit ni à une philosophie, ni à une religion, ni à un système éthique. Plus qu'une philosophie, c'est une pratique ; à la différence d'une religion, il ne fait pas appel à une croyance ou à un acte d'adoration, mais il invite à un travail sur soi ; au-delà d'un système éthique, il est un moyen de délivrance. Le bouddhisme est la voie qui mène à l'Éveil, à la connaissance de la nature véritable des êtres et des choses, à la délivrance radicale de la souffrance. A ceux qui cherchaient la Vérité, Bouddha disait : “Ne vous fiez point à des ouï-dire, à la tradition, à l'autorité des textes religieux, aux suppositions, à la simple logique, à ce que dit l'ascète. Mais quand vous avez vu par vous-même : ces choses sont immorales, ces choses sont mauvaises, ces choses sont blâmées par les sages, ces choses, quand elles sont exécutées et entreprises, conduisent à la ruine et à la souffrance, c'est alors que vous les repoussez. Quand vous avez vu par vous-même : ces choses sont morales, ces choses ne sont pas blâmables, ces choses sont louées par les sages, ces choses, quand elles sont exécutées et entreprises, conduisent au bien-être et au bonheur, c'est alors que vous les pratiquez."

Comme le public paraissait désarçonné, le bouddhiste énonça des vérités plus accessibles :

– Le dalaï-lama a affirmé : "Les mêmes idéaux d'amour sont à la racine des principales religions de ce monde. Le Bouddha, le Christ, Confucius, Zoroastre ont avant tout enseigné l'amour. L'hindouisme, l'islam, le jaïnisme, le judaïsme, la loi sikh, le taoïsme poursuivent un but identique. Toutes les pratiques spirituelles ont pour objectif la progression bénéfique de l'humanité."

« Puisqu'il en est ainsi, il est bon que nous soyons ensemble pour découvrir nos religions respectives. Açoka, célèbre roi bouddhiste de l'Inde qui renonça à toute conquête militaire après en avoir saisi les horreurs, fit graver sur le roc l'inscription suivante : "On ne devrait pas honorer seulement sa propre religion et condamner les religions des autres, mais on devrait honorer les religions des autres pour cette raison-ci ou pour cette raison-là. En agissant ainsi, on aide à grandir sa propre religion et on rend aussi service à celles des autres. En agissant autrement, on creuse la tombe de sa propre religion et on fait aussi du mal aux religions des autres. Quiconque honore sa propre religion et condamne les religions des autres le fait bien entendu par dévotion à sa propre religion, en pensant : Je glorifierai ma propre religion. Mais, au contraire, en agissant ainsi, il nuit gravement à sa propre religion. Ainsi la concorde est bonne : que tous écoutent et veuillent bien écouter les doctrines des autres religions."

« Dès lors, une société bouddhiste est celle où toutes les religions et opinions sont respectées. Ô Roi, c'est ce que je souhaite pour votre pays.

Alain Tannier aimait entendre ce discours. Mais il ne put s'empêcher de penser à la distance qui sépare l'idéal du réel. Beaucoup de pays de tradition bouddhiste ne montrent pas autant d'ouverture d'esprit. Que ce soit en Birmanie, au Tibet – bien avant l'occupation chinoise déjà –, ou même au Sri Lanka, les moines sont, ou ont pu être parfois, très réticents à la présence d'autres communautés religieuses dans leur pays. « Cette réticence à l'autre, se consola le philosophe, est, il est vrai, en général bien plus forte dans les autres traditions religieuses. »

Le fondateur du bouddhisme

– Vous m'avez sollicité pour mieux connaître le "fondateur" du bouddhisme, Siddhârta, du clan des Gautama. Comme vous le savez certainement, *Bouddha* est un titre et signifie l'"Éveillé". Avant de le devenir, c'était un jeune prince, appartenant à la caste des guerriers. Protégé par son père, il vivait dans la sécurité d'un palais. Tout cela se passait au VIe, ou peut-être au Ve siècle qui a précédé l'ère chrétienne, dans le nord de l'Inde, proche de l'actuel Népal. A seize ans, il fut marié à Yasodhara, qui donna naissance à un garçon dont je porte moi-même le nom. On raconte que quatre rencontres bousculèrent sa vie bien réglée. D'abord celles avec un vieillard, un malade et un cadavre, ensuite celle avec un moine errant. Renonçant alors aux plaisirs et à la vie de famille, il devint lui-même un ascète en quête d'une solution à la terrible souffrance de l'humanité et de l'univers. Pendant six ans, il rencontra des maîtres religieux célèbres et se soumit à des pratiques rigoureuses et pénibles. Insatisfait par ces austérités et persuadé qu'il lui fallait rejeter désormais les extrêmes du plaisir et de la mortification, il décida de méditer sous un arbre jusqu'à ce qu'il expérimente l'ultime compréhension des choses de la vie. C'est là, à l'âge de trente-cinq ans, qu'il connut l'Éveil. Depuis ce jour, et pendant quarante-cinq années, il se consacra à faire connaître la Voie qui permet de sortir de la souffrance. Sans relâche, il enseigna toutes les catégories d'hommes et de femmes, quelles que fussent leur condition sociale ou leur caste. Sa prédication était ouverte à tous, comme elle l'est aujourd'hui encore…

Voyant des membres du jury prendre des notes avec assiduité, Rahula se demanda si cette connaissance historique du Bouddha était une réelle contribution ou plutôt un frein à la voie de l'Éveil.

Un texte fondateur : les quatre Nobles Vérités

– Il est un texte fondateur, reconnu par tous les bouddhistes, c'est le sermon des *quatre Nobles Vérités*. Dans cette prédication, le Bouddha agit comme un bon médecin. Il pose d'abord le *constat* de la maladie – première Vérité –, puis il donne un *diagnostic* : c'est la deuxième Vérité. Ensuite il propose un *remède* – troisième Vérité – et finalement il précise l'*application* de ce remède : c'est la quatrième Vérité. Ce texte célèbre, je vais vous le présenter et le commenter.

« "Voici, ô moines, la Noble Vérité sur *dukkha*." Ce mot peut être traduit par "souffrance" ou par "impermanence frustrante". "La naissance est *dukkha*, la vieillesse est *dukkha*, la maladie est *dukkha*, la mort est *dukkha*, être uni à ce que l'on n'aime pas est *dukkha*, être séparé de ce que l'on aime est *dukkha*, ne pas avoir ce que l'on désire est *dukkha*, en résumé les cinq agrégats d'attachement sont *dukkha*."

« Selon le Bouddha, tout dans la vie – de la naissance à la mort, des liens aux séparations – peut devenir source de frustration. La souffrance est ainsi partout : lorsque nous sommes liés à des personnes ou à des situations que nous n'aimons pas ou encore lorsque nous sommes contraints de nous séparer d'êtres ou d'objets qui nous sont chers. L'originalité de la philosophie bouddhiste, c'est de considérer que chaque "être" ou chaque "moi" est une combinaison de forces physiques et mentales en perpétuel changement. Cette combinatoire dynamique peut être divisée en cinq groupes ou agrégats : la matière, les sensations, les perceptions, les formations mentales et la conscience. Il est très important de saisir que, pour nous bouddhistes, il n'y a pas d'esprit permanent qui puisse être appelé "soi" ou "âme". Comme une rivière de montagne qui s'écoule sans cesse ou comme les multiples clichés joints les uns aux autres donnent l'illusion d'un film, ainsi en est-il de notre "être". Le "JE" auquel les hommes et les femmes consacrent l'essentiel de leurs énergies, afin de l'enrichir et de le gratifier d'un maximum de plaisirs, eh bien ce "JE", source de tous les attachements et de toutes les aversions, n'a aucune identité véritable. Mais cela, uniquement les méditants le savent…

Le Roi n'était pas le seul à être désarçonné par le discours du moine. Toute son éducation ainsi que toute l'orientation de son Royaume étaient façonnées par la mise en valeur du « JE ». Réussir, gagner, devenir célèbre, jouir…, tout gravite autour du « MOI ». La perspective du maître bouddhiste, qu'il comprenait encore mal, lui donnait des vertiges.

– Après la constatation de l'universalité de la souffrance, vient le diagnostic. "Voici, ô moines, la Noble Vérité sur la cause de *dukkha*. C'est cette 'soif' – ou convoitise – qui produit la ré-existence et le re-devenir, qui est liée à une avidité passionnée et qui trouve une nouvelle jouissance tantôt ici, tantôt là, c'est-à-dire la soif des plaisirs des sens, la soif de l'existence et du devenir, et la soif de la non-existence (auto-annihilation)."

« D'où vient donc la souffrance ? Le Bouddha est très clair. Elle naît de la "soif" d'appropriation, de possession. Si les soldats dont nous a parlé M. Tannier n'avaient pas été prisonniers de leur convoitise, jamais ils n'auraient agressé cette malheureuse famille. Or d'où naît cette "soif" ? De l'ignorance, qui à tort fait croire qu'un "Soi" existe et que des possessions le rendent heureux. Tant que l'homme est esclave de son attachement ou de son aversion, d'une affirmation de lui-même ou de toute volonté d'anéantissement, alors il continue à transmigrer d'une existence à une autre. Ce qui importe dès lors, c'est de mettre fin à cette "soif", et c'est là la troisième Noble Vérité : "Voici, ô moines, la Noble Vérité sur la cessation de *dukkha*. C'est la cessation complète de cette 'soif', la délaisser, y renoncer, s'en libérer, s'en détacher."

« La force du bouddhisme réside dans l'affirmation qu'une libération de la souffrance est possible. Comment ? Par l'extinction de la soif, par la cessation de toute forme d'attachement. Cette extinction de la convoitise, de la haine et de l'illusion, c'est précisément le *Nirvâna*. Et comment caractériser le Nirvâna ? Il est indéfinissable par des concepts, et comme le dit le *Lankâvatâra-Sûtra* : "Les ignorants se laissent enliser dans les mots comme un éléphant dans la boue." On peut toutefois suggérer que le Nirvâna, c'est la Liberté, la Félicité, l'Ultime non conditionné.

Plusieurs personnes dans la salle n'écoutaient déjà plus le moine. C'était trop abstrait pour eux. Rahula cita alors le grand maître tibétain, Kalou Rinpoché :

– "L'or de l'Éveil est dans le sol de notre esprit, mais si nous ne creusons pas, il reste caché."

Parabole bouddhiste

Voulant se mettre au niveau de ses auditeurs, il leur dit alors :

– Écoutez cette parabole. Un jour, un samouraï demanda au maître zen Hakuin : “Est-ce que l’enfer existe ? Et le paradis ? Si oui, où se trouvent leurs portes ? Et comment fait-on pour y entrer ?” Ce samouraï avait un esprit simple. Il ne s’embarrassait pas de philosophie et voulait seulement savoir comment entrer au ciel et éviter l’enfer. Pour répondre, Hakuin adopta un langage à la portée du samouraï. “Qui es-tu ? demanda-t-il. – Je suis un samouraï”, répondit l’homme. Au Japon, le samouraï est un guerrier parfait qui n’hésite pas une seconde à donner sa vie quand c’est nécessaire. “Je suis le premier des samouraïs, poursuivit fièrement le visiteur. Même l’Empereur me respecte. – Toi, un samouraï ? se moqua Hakuin. Tu as plutôt l’air d’un misérable fripon.” Blessé dans son amour-propre, le samouraï oublia le motif de sa venue et dégaina son épée. “Voilà une porte, fit Hakuin en souriant. L’épée, la colère, la vanité, l’ego sont les portes de l’enfer.” Le samouraï comprit la leçon et remit l’épée dans son fourreau. “Et voilà l’autre porte, celle du paradis…”, commenta Hakuin.

Le public rit avec bonheur.

– Le bouddhisme, poursuivit Rahula, comme toute religion authentique, n’est pas une affaire de doctrines où l’on spécule sur des choses inconnaissables, mais un ensemble de pratiques qui transforment celui qui les met en œuvre. Sortir son glaive en actes ou en paroles, pour agresser, pour se faire valoir, pour défendre sa vie, ou alors le rentrer dans son fourreau, en lâchant prise, en cessant de s'attacher, en refusant toute affirmation de soi, telle est l'alternative à laquelle chacun de nous est confronté à tout moment. Comment pratiquer alors le remède du Bouddha ? Nous en arrivons pour terminer à la quatrième Noble Vérité.

« "Voici, ô moines, la Noble Vérité sur le sentier qui conduit à la cessation de *dukkha*. C'est le Noble Sentier Octuple, à savoir : la vue juste, la pensée juste, la parole juste, l'action juste, le moyen d'existence juste, l'effort juste, l'attention juste, la concentration juste." Les huit éléments qui favorisent la réalisation du Nirvâna peuvent être regroupés en trois ordres : ceux qui relèvent de la Sagesse – vue et pensée justes –, de l'Éthique – parole, action et moyen d'existence justes – et de la Méditation – effort, attention et concentration justes.

« La connaissance vraie, le comportement correct et la méditation adéquate sont inséparables dans la vie du bouddhiste. La *connaissance vraie* consiste à saisir que ni le "soi" ni les "phénomènes" ne sont autonomes ou éternels. Tout subsiste en interdépendance, tout est donc "impermanent", tout se fait et se défait, tout est "vide" d'une existence indépendante ou définitive. "La nature de tout phénomène, de toute apparence, est semblable au reflet de la lune sur l'eau", a enseigné le Bouddha. S'attacher aux éléments du monde est aussi vain que d'identifier la lune à son reflet. Le *comportement correct*, c'est s'abstenir du mensonge, de toute parole blessante ou vaine, se conduire de manière honorable et pacifique et exercer une profession qui ne puisse pas nuire. Dans le bouddhisme *mahâyâna* – le “Grand Véhicule”, qui ne se contente pas d’une libération individuelle mais vise le bonheur de tous –, la compassion pour tous les “êtres”, ignorants de leur vraie nature vide et esclaves de leurs diverses pulsions, a été beaucoup développée. Quant à la *méditation adéquate*, elle consiste en une discipline qui apaise les états mentaux perturbateurs. Selon les écoles, les moyens proposés sont fort variés. Pour certains, ce sera l’utilisation de paradoxes appelés *koan* ; pour d’autres, une méditation sans objet en position assise. Certains placent leur confiance en un Bouddha extérieur ; d’autres finalement intériorisent l’énergie d’une divinité de méditation. Peu importe les différences. Le plus important, c’est de pratiquer avec assiduité la voie choisie.

« Un jour, Milarépa, célèbre bouddhiste tibétain, songea à transmettre son ultime enseignement à son disciple Gampopa. C’était son “enseignement très secret”, qu’il ne voulait dévoiler qu’à lui seul.

A l’idée d’entendre un tel enseignement, le public retint son souffle.

– Milarépa, poursuivit Rahula, s’assura par bien des épreuves que son élève était réellement préparé à un tel enseignement. Le sentant prêt, un jour il l’appela à lui. Puis, sans avertir, Milarépa se retourna et, troussant sa robe, il lui montra… ses fesses ! “Tu vois bien ? – Heu, oui, susurra Gampopa, gêné. – As-tu bien vu ?” répéta le maître. Le disciple ne savait pas très bien ce qu’il fallait voir. Milarépa avait en effet de la corne sur les fesses, qui les rendait mi-chair, mi-pierre. “Vois-tu, je suis arrivé à l’Éveil ainsi : assis et méditant. Si, de ton vivant, tu souhaites y arriver, aie la même énergie. Tel est mon ultime enseignement, auquel je n'ajouterai rien."

Se tournant vers le jury, avec un regard malicieux, le moine Rahula dit en conclusion :

– Mesdames et messieurs, peut-être ai-je été trop long et trop compliqué. Sagement assis, vous m'avez écouté avec beaucoup de patience. Même si Milarépa, comme d'ailleurs le Bouddha lui-même, est arrivé à l'Éveil après une longue période assise, je crains que, en ce qui vous concerne, toute parole supplémentaire de ma part ne vous porte vers le sommeil. Or y a-t-il quelque chose de pire qui puisse arriver à un moine bouddhiste annonçant l'Éveil que de voir ceux et celles à qui il s'adresse s'endormir ? Je m'en tiendrai donc là !

Dans un éclat de rire rafraîchissant, la rencontre fut suspendue pour un temps de pause.

Confrontations

Le premier à intervenir fut Alain Tannier.

– En tant qu'athée, j'ai beaucoup apprécié tout ce que vous venez de dire. Si je suis bien informé, le bouddhisme est la seule religion – mais en est-ce une ? – qui ne se réclame pas d'un Dieu ou d'une Révélation. Pas de spéculation oiseuse sur l'au-delà, mais invitation à découvrir l'*interdépendance* ou ce que d'autres ont appelé la *relativité* de toute chose. Une question me tiraille néanmoins. Il y a quelques années, j'ai eu l'occasion de visiter votre pays, le Sri Lanka. Malgré mon incroyance, je suis allé dans plusieurs temples et en particulier dans celui de

Kandy, où, selon la tradition, une dent du Bouddha serait conservée. Partout, j'ai vu des gens qui paraissaient prier le Bouddha comme s'il était un dieu, voire vénérer sa dent alors qu'il était le messager de l'impermanence. D'où ma question : tout serait-il périssable dans ce monde… sauf la dent du Bouddha ?

Le moine Rahula sourit :

– Bien des intellectuels bouddhistes méprisent cette forme de religiosité populaire que vous venez de décrire. Il y a autant de distance entre ces formes de pratiques et l'enseignement véritable du Bouddha qu'entre le culte des saints chez certains catholiques et le message des Évangiles. Faut-il bannir complètement ces pratiques ? Le bouddhisme cherche plutôt à s'adapter à toutes les mentalités. D'où la très grande diversité de pratiques que nous pouvons y rencontrer. Ainsi, certains prient le Bouddha – ou un *Bodhisattva*, c'est-à-dire un Être d'éveil qui par compassion renonce à vivre la libération finale pour venir en aide aux autres – comme d'autres prient Krishna ou le Christ. Même si les textes les plus anciens du bouddhisme ne justifient pas ces prières, ce qui importe, c'est que chaque être progresse vers la connaissance juste et l'expérience du Nirvâna.

Le Bouddha est-il ?

Le Roi, en proie à bien des tourments, intervint dans la discussion :

– Ô moine, tout ce que vous dites me perturbe. Veuillez

répondre simplement à ma question, je vous prie. S'il n'y a pas d'"être", le Bouddha est-il ?

– Un jour, le roi Milinda posa une question similaire à Nâgasena. Je répondrai comme le fit ce moine. "Quand brûle un grand feu, si une flamme s'est éteinte, peut-on la désigner comme étant ici ou là ? – Non, assurément, cette flamme a cessé, a disparu. – De même, on ne peut désigner le Bienheureux comme étant ici ou là. Mais il peut être désigné par le *Corps de la Loi*, car la Loi a été enseignée par lui."

« Le Bouddha Shâkyamuni, le personnage historique du VIe siècle avant l'ère chrétienne, a une "existence". Pour nous, il fut comme un grand feu. En tant que tel, on peut en parler comme de celui qui a été et qui n'est plus. Or, par ses enseignements laissés après sa mort, il continue de subsister dans la Loi, le *Dharma*, la doctrine qui a pénétré l'Ordre du monde. Plus fondamentalement encore, il peut être identifié à un état d'esprit ou encore à la vraie nature de chaque être, ce que nous nommons la *bouddhéité*. Ainsi, le Bouddha n'est pas un "être", hors de nous. Notre identité véritable à tous est comme la sienne, impermanente et sans soi. D'où aussi la parole célèbre du maître Linji : "Adeptes de la Voie, si vous voulez parvenir à la pénétration du *Dharma* tel qu'il est, ne vous laissez pas prendre aux conceptions erronées des autres. Quoi que vous rencontriez, que ce soit à l'intérieur ou à l'extérieur, tuez-le sur-le-champ ; lorsque vous rencontrez un Bouddha, tuez le Bouddha... Ainsi vous atteindrez l'émancipation. Si vous ne vous attachez pas aux choses, vous les traverserez librement."

« Pourquoi ces paroles surprenantes ? Comme l'a enseigné Taoxin, patriarche à l'origine de la tradition monastique du zen : "Rien ne manque en vous et vous n'êtes pas différents du Bouddha." Et le maître Taoi a bien fait comprendre : "Chacun d'entre nous doit concevoir nettement que son esprit est Bouddha, c'est-à-dire que son esprit est l'esprit du Bouddha... Ceux qui recherchent la Vérité prennent conscience qu'il n'y a rien à chercher. Il n'y a pas de Bouddha, mais l'esprit ; il n'y a d'esprit que Bouddha. Ceux qui recherchent la Voie ne doivent rien rechercher..."

Un brouhaha s'éleva de la salle. Manifestement, la plupart des auditeurs n'étaient pas préparés à un tel enseignement.

Quelqu'un du jury s'exclama alors :

– Ce que vous dites est illogique, sans queue ni tête ! Il faut chercher sans chercher... Nous sommes tous le Bouddha et il n'y a pas de Bouddha... Je ne comprends rien à ce que vous racontez ! Qu'est-ce donc que l'"esprit" ? Et s'il n'est pas, qui en vous affirme cela ?

Attentif au désarroi de ceux qui l'écoutaient, Rahula se leva et leur dit :

– Suivez-moi.

Il se rendit alors dans l'immense jardin attenant à la salle des joutes. Il fallut un bon quart d'heure pour que tous puissent y accéder. Et là, tout simplement, Rahula leva les yeux vers le ciel et le contempla. L'infini de l'espace aspirait les regards...

Puis, d'une voix forte et sereine, il clama, citant Vasumitra, le septième patriarche indien :

– "L'esprit ressemble au ciel

Et pour le montrer, on a recours au ciel

Car lorsqu'on comprend ce qu'est le ciel
Plus rien n'est vrai, plus rien n'est faux."

Et sans rien ajouter le moine retourna dans la salle.

Dieu est-il ?

Le cheikh Ali ben Ahmed intervint alors :

– Mes yeux de chair ne voient plus rien. Même pas le ciel. Mais je crois saisir ce que le moine Rahula a voulu nous dire. De même que le ciel est comme un Vide infini, ainsi en est-il de toute réalité. Or dans le ciel, comme dans mes ténèbres, il y a une Lumière qui déchire l'obscurité. Si symboliquement le bouddhisme est peut-être la religion du Ciel, les différents monothéismes sont alors des religions du Soleil. Non pas que Dieu soit le soleil – lui qui est infiniment plus grand que tout être créé – ni même qu'il habite au ciel. Nous, musulmans, en effet, nous refusons de considérer que Celui qui contient les cieux puisse "être aux cieux", comme prient les chrétiens. Mais Dieu, l'Unique, est le Seigneur des Mondes qui "fait sortir des ténèbres vers la lumière" (Coran 2,257). Allah est la lumière des cieux et de la terre (24,35) et il subsiste éternellement (20,73). Alors que, pour vous bouddhistes, rien n'est impérissable. Votre religion, aux yeux de beaucoup de musulmans, reste une grave offense à l'immuabilité de Dieu. Mais, dites-moi, pour vous, oui ou non, Dieu existe-t-il ?

La formulation même de la question était inconvenante pour Rahula. La logique du « oui ou non » lui paraissait totalement inappropriée pour les questions métaphysiques. De manière très polie, il lui répondit :

– Le Bouddha Shâkyamuni est resté silencieux sur cette question, comme sur bien d'autres. L'univers est-il éternel ou non ? Fini ou infini ? L'âme diffère-t-elle du corps ? Qu'existe-t-il après la mort ? Selon le Bouddha, ce qui importe, c'est la libération de la souffrance. De même qu'un homme blessé par une flèche n'a pas d'abord besoin de connaître qui l'a envoyée, d'où elle est venue et comment elle a été tirée, mais plutôt comment être délivré de ce qui le blesse, de même les humains ont besoin d'une Voie qui les libère de la détresse et de la douleur. Et non de réponses à des questions sans solution.

– Mais Dieu n'est pas une question sans solution puisqu'il s'est révélé comme le Seigneur impérissable de l'univers, poursuivit le cheikh.

– Il y a deux sortes de bouddhistes, enchaîna maître Rahula. Ceux qui considèrent que ce que vous appelez "Dieu" est comme tous les autres phénomènes, c'est-à-dire sans réalité absolue, et ceux qui l'identifient à la Vérité ultime qu'est le Nirvâna, l'Au-delà de toute impermanence et de toute souffrance.

La compassion pour l'humain

Le rabbin Halévy exprima alors son point de vue :

– Le silence du Bouddha sur les questions ultimes est tout à son honneur. Dans le Talmud, il est écrit : "Le meilleur des médicaments, c'est le silence" (Megillah 18a). Les bavardages métaphysiques ne changent pas le monde. Et ce que vous dites sur l'impermanence, cela aussi nous pouvons le comprendre. Dans nos Écrits, le grand sage Salomon a affirmé : “Souffle des souffles, tout est souffle” (Qohéleth 1,2). Et le prophète Ésaïe lui-même a déclaré que l’homme n’est qu’un souffle (Ésaïe 1,22). L’expérience humaine est certainement celle de la fragilité et de la futilité. L’humain par lui-même et pour lui-même n’a pas de consistance. A l’égard de l’orgueilleux, Dieu dit : “Moi et lui, nous ne pouvons pas exister dans le monde” (Talmud, Sota 5a). Donc celui qui vit mal ne peut subsister. Or pour nous les juifs, l’être humain, homme et femme, a été créé à l’image de Dieu (Genèse 1,26). Impermanent par lui-même, il est noble par Celui qui l’a façonné. Le bouddhisme, par sa doctrine de l’*anâtman*, de l’absence de Soi, ne risque-t-il pas de devenir dépréciateur de la valeur de l’homme, sans parler de celle de la femme ? Je crois savoir que le Bouddha a eu beaucoup de peine à accepter la création de monastères de moniales, et même qu’il aurait affirmé que leur accueil dans la communauté des bouddhistes diminuerait sa longévité de moitié.

Maître Rahula avait apprécié la valeur de l’intervention du rabbin.

– Chaque religion peut dégénérer et être pratiquée de manière erronée. Nos communautés bouddhistes ont, il est vrai, été dominées par des hommes. Et comme l’a dit le dalaï-lama, des révisions importantes concernant le statut de la femme dans le bouddhisme devront avoir lieu. Quant à la dépréciation de l’humain, il y a bien des situations qui malheureusement trahissent une impassibilité inadmissible. La compassion pour tous les êtres est pourtant présente dans l’enseignement du Bouddha et a été largement développée par le courant mahâyâniste. Voici ce qu'a dit le célèbre moine Shantideva, appelé Bhusuku, l'"homme des trois préoccupations", car extérieurement il semblait ne se préoccuper que de manger, de dormir et de se promener…

Le Bouffon, qui depuis un moment déjà sentait la faim le tirailler et se demandait comment il pourrait subrepticement quitter la salle pour aller se restaurer, fut comme réveillé par le moine.

– Mais c'est là toute ma philosophie ! cria-t-il en sautant d'un bond clownesque.

Rahula fut surpris, mais le sourire du Sage l'invitait à continuer.

– "Puissé-je être pour les malades le remède, le médecin et l'infirmier jusqu'à la disparition des maladies ! Puissé-je calmer par des pluies de nourriture et de breuvages les douleurs de la faim et de la soif, et, pendant l'âge des famines, puissé-je devenir moi-même nourriture et breuvage ! Puissé-je être un inépuisable trésor pour le pauvre et le démuni ; puissé-je devenir tout ce dont ils ont besoin, et puissent ces choses se trouver à leur disposition ! Je livre ce corps au bon plaisir de tous ; qu'ils en usent sans cesse à leur convenance, le tuant, l'injuriant ou le frappant. Que ceux qui m'insultent, me nuisent ou me raillent aient tous la fortune d'accéder à l'Éveil !"

La beauté du texte charma toute l'assemblée. Qu'une telle compassion puisse être envisagée lui paraissait tout simplement prodigieux… ou fou !

Le docteur Clément, comme les autres, fut touché par l'enseignement de Shantideva.

– Je tiens à dire ici combien, en tant que chrétien, le bouddhisme m'émeut et m'interpelle. Comme dans ce que nous venons d'entendre, il est une histoire qui raconte l'une des prétendues vies antérieures du Bouddha et qui est toute empreinte d'un amour quasi évangélique…

En lui-même, Alain Tannier frémit. Il avait attendu le moment où le chrétien allait récupérer le bouddhisme comme il l'avait fait pour l'athéisme. Son temps d'attente fut fort bref. « Pourquoi parler d'"amour quasi évangélique", se dit-il en lui-même, au lieu de dire tout simplement "amour" ou "solidarité humaine" » ?

– Cette histoire, continua Christian Clément, c'est celle du Bouddha qui, voyant une tigresse affamée incapable de nourrir ses quatre petits, s'est offert lui-même comme nourriture, afin que, régénérée par son corps et par son sang, elle puisse les allaiter. La compassion bouddhiste n'est pas sans analogies avec l'amour du Christ, qui s'est offert pour nous…

Heureusement pour le professeur Tannier, la suite de l'intervention de Christian Clément fut plus différenciatrice.

– Il y a pourtant une différence de taille, me semble-t-il. Pour vous, bouddhistes, la compassion est inséparable de la doctrine de la vacuité, alors que pour nous, chrétiens, l'amour humain est lié à l'amour divin pour toute sa création. "Nous, nous aimons, parce que Dieu, le premier, nous a aimés", a déclaré Jean dans sa première épître (4,19). Vous, bouddhistes, vous avez de la compassion parce que les autres sont dans l'ignorance de la nature ultime des choses, parce qu'ils souffrent à cause de leurs convoitises. Ils ne sont pas aimables en eux-mêmes ou à cause de Dieu, mais parce que dans leur méconnaissance du *Vide*, de l'impermanence des phénomènes et de leur "soi", ils souffrent.

« Je vois aussi une autre différence importante entre votre position et la mienne. Si je vous ai bien compris, dans la conception bouddhiste du monde, “tout le relatif est vide”. Or, dans la conception chrétienne, c’est par amour pour le monde relatif que “l’Absolu s’est vidé”. Dieu le Fils s’est dépouillé de sa grandeur en prenant forme dans l’homme Jésus, le serviteur.

Le rabbin, en profond désaccord avec ce dogme de l’Incarnation, chercha à l’exprimer par un petit sourire désapprobateur. Tandis qu’il se tournait vers le cheikh, son regard croisa celui d’Amina, qui aussitôt baissa le sien…

Rahula n’avait pas envie d’ouvrir un débat stérile.

– Le Bouddha a dit : “Ainsi qu’une mère au péril de sa vie surveille et protège son unique enfant, ainsi avec un esprit sans limites doit-on chérir toute chose vivante, aimer le monde en son entier, au-dessus, au-dessous et tout autour, sans limitation, avec une bonté bienveillante et infinie” (Suttanipâta, I, 8). Il y a certainement des différences de doctrine entre nous, mais le principal, n’est-ce pas d’aimer ?

– Certainement, acquiesça Christian Clément. Et aussi de se laisser aimer.

Atman ou *anâtman* (un Soi ou pas de Soi), telle est la question

Le swami Krishnânanda ne s’était toujours pas exprimé. Tous les regards se tournèrent vers lui. Comme il se taisait encore, le Sage lui adressa directement la parole.

– Auriez-vous quelque chose à ajouter ? lui demanda-t-il.

Le swami sortit de sa réserve :

– Le Bouddha, comme moi, était un Indien. Tout son contexte religieux a été celui des philosophies religieuses des Védas et de la littérature des *brahmanes*, des prêtres de la plus haute caste. A juste titre, très certainement, il a voulu les réformer en profondeur. Mais l'on ne comprend rien au bouddhisme si l'on ne connaît pas ce cadre historique. Dans le passé, il y a eu des tensions très fortes entre hindous et bouddhistes, au point que pendant des siècles, peu après Shantideva, l'enseignement du bouddhisme en Inde a pratiquement disparu. Or vous devez savoir que, selon une des traditions de l'hindouisme, Vishnou s'est incarné non seulement en Râma et en Krishna, mais aussi dans le Bouddha. Pour nous, il est un *avatâra*, c'est-à-dire une "descente" de la Conscience divine sur terre.

« Quand un bouddhiste dit qu'"Il n'y a pas de Soi", nous, hindous, nous l'interprétons de la manière suivante : tout ce que nous voyons avec nos sens physiques est impermanent car la Réalité ultime est toujours au-delà. En d'autres termes, nous disons : "*Ceci* – ce qui est perçu et représenté – n'est pas le Soi." Pourtant, l'*âtman* indescriptible, le Soi immortel de l'homme existe. Il est même identifié dans notre compréhension et notre pratique à *Brahman*, l'Absolu immuable et éternel.

Rahula savait que les capacités d'écoute du public étaient largement dépassées. Dès lors, il ne dit rien.

Lorsque le Sage donna la parole à quelqu'un du public, une femme d'un certain âge commença une petite prédication que le modérateur sut limiter avec dignité.

– Il faut que toutes les religions se donnent enfin la

main, affirma-t-elle avec beaucoup de conviction. Qu'importe que l'on soit bouddhiste ou hindou, juif, chrétien ou musulman. Partout, c'est le même Dieu d'amour qui s'exprime. Pourquoi parler de différences alors qu'il y a tant de similitudes ? C'est la raison qui sépare et isole, alors que l'intuition unifie et harmonise. Bouddha, Jésus, Moïse, Mohammed ou Krishna, qu'importe le messager puisque le message est le même…

Un membre du jury intervint avec douceur et fermeté :

– Madame, votre aspiration à l'unité est fort louable. Vous devez savoir cependant que beaucoup de sectes et de nouveaux mouvements religieux sont nés précisément de la volonté de dépasser les divisions entre confessions ou religions. Mais comme leur critère d'unité est trop étroit et ne respecte pas les réelles différences entre les traditions, il devient la source d'une division supplémentaire et ne rassemble que ceux qui se réclament du promoteur de ce nouvel enseignement ! Ainsi sont nées l'Église néo-apostolique, l'Église de Jésus-Christ des Saints des derniers jours – appelés communément mormons – ou encore les communautés de Moon, du Mandarom, de Sathya Sai Baba ou des baha'is. Unir, oui, mais pas à n'importe quel prix. Il y va de l'exigence de la Vérité.

Cette connaissance des « sectes » et des « nouveaux mouvements religieux » par un membre du jury étonna l'assistance et en même temps la rassura. En effet, c'était de bon augure pour la valeur du jugement qu'il lui faudrait émettre à la fin des joutes.

Le Sage, fatigué, dit alors :

– Quelqu'un d'autre du jury tient-il absolument à intervenir encore ?

Son ton était plus que décourageant. Malgré cela, une femme au regard éveillé osa demander :

– En une phrase, comment maître Rahula résumerait-il tous ses propos si passionnants ?

Le moine répondit presque spontanément :

– Buddhagosha, le maître indien, a dit : “Seule la souffrance existe, mais on ne trouve aucun souffrant.”

Personne, à part le swami, ne perçut la pointe de cette citation. Buddhagosha, en effet, était né dans une famille de brahmanes et s’était converti au bouddhisme. Par cette parole, Rahula avait voulu signifier au swami qu’il ne le laisserait pas le récupérer dans son système sans résistance. Des siècles d’âpres débats ne s’effacent pas en une journée. Le swami répondit à l’« attaque » du bouddhiste par un large sourire. D’autant plus large que c’était à lui de prendre la parole après le repas de midi.

Lettre de menaces

Tous se rendirent d’un pas alerte sous la grande tente spécialement aménagée pour les repas. La vitesse de leurs déplacements révélait l’intensité de leur faim. La présentation du matin avait non seulement creusé leur appétit de connaissances, mais aussi celui de nourritures toutes terrestres. Comme pour compenser ce qui paraissait aux yeux de beaucoup être des abstractions difficiles à saisir.

– Le souffrant n’existe peut-être pas, mais mon ventre si, s’exclama le Bouffon.

Prisonnier de son image de clown, il n’osait pas avouer que l’« homme des trois préoccupations », dont il ne se rappelait déjà plus le nom, l'avait fasciné. Pouvoir paraître superficiel et pourtant être extraordinairement profond, n'était-ce pas là son rêve le plus secret ? Le bouddhiste lui avait fait découvrir son propre idéal : arriver à exprimer dans les gestes les plus banals un message d'une grande intensité.

Avant de manger, plusieurs dirent une prière, récitèrent une bénédiction ou encore marquèrent un temps de silence. La convivialité était belle à voir. Même le Roi voulut manger avec ses « sportifs » et leurs spectateurs. Cette proximité était une source supplémentaire d'enchantement. Autour des tables, les étiquettes religieuses avaient perdu de leur importance.

Cependant, à l'heure du dessert, un cri de stupéfaction glaça une tablée et son entourage proche. Percevant l'agitation, le Sage se rendit au lieu vers quoi se concentraient tous les regards. Il vit alors le cheikh Ali ben Ahmed profondément perturbé et contenant avec difficulté une violente colère. A côté de lui, Amina était comme effondrée. Elle remit au Sage une lettre qui avait été cachée sous son assiette. Ne comprenant pas cette écriture, il en demanda la traduction. Puis, se ravisant par crainte d'oreilles indiscrètes, il les pria de l'accompagner dans une pièce retirée. Sous la tente, les rumeurs s'étaient déjà mises à circuler.

Informés des événements, le Roi et le Bouffon rejoignirent le Sage. Amina, assise, n'arrivait plus à contenir ses larmes. Son père la soutenait avec affection et détermination.

– Que se passe-t-il ? demanda le Roi.

– Majesté, Amina, la fille du cheikh, a reçu cette lettre anonyme écrite en arabe.

Avec l'aide d'un traducteur, ils en prirent connaissance :

> *Fille indigne de l'islam ! Allah a dit au Prophète – que la paix et la bénédiction soient sur lui – : « Dis aux croyantes de baisser leurs regards, d'être chastes, de ne montrer que l'extérieur de leurs atours, de rabattre leurs voiles sur leurs poitrines... Ô vous les croyants, revenez tous à Dieu. Peut-être serez-vous heureux. » Or toi, tu ne caches pas complètement tes cheveux. Et tes habits ne couvrent pas tous tes membres. Si tu continues de dévoiler de façon impudique aux hommes la beauté de ton corps, tu le regretteras toute ta vie.*

– Mais qui donc peut avoir intérêt à s'en prendre à vous et à troubler mon Tournoi ? demanda le Roi, tout inquiet.

Avec beaucoup de tristesse dans la voix, le cheikh déclara :

– A cause de mes prises de position, j'ai souvent reçu des lettres de menaces de la part d'extrémistes qui usurpent le nom de "musulmans". Mais c'est bien la première fois qu'ils s'en prennent à ma fille. Ils veulent nous intimider, mais nous ne nous laisserons pas faire.

Le Sage se souvint de l'esclandre qui avait eu lieu au début des joutes :

– Vous vous rappelez ce barbu qui, au nom d'Allah, a manifesté contre Alain Tannier ? Et si c'était encore lui ?

Immédiatement, la police du Royaume partit à sa recherche. Il fut décidé qu'Amina ne participerait pas à la rencontre de l'après-midi et qu'elle resterait gardée dans un lieu secret. Le cheikh Ali ben Ahmed, quant à lui, ne voulut pas rater la séance et surtout se faire bousculer par les opinions d'un fanatique. Comme si rien ne s'était passé, mais protégé par des gardes du corps en civil, il rejoignit les autres concurrents dans la grande salle du cloître.

La prestation de l'hindou

Le programme de l'après-midi avait pris du retard. Tous ceux qui étaient entrés dans la salle des joutes avaient été fouillés. Le Roi se devait d'assurer un maximum de sécurité et tremblait à la perspective que « son » Tournoi soit perturbé par des actes de violence. Intérieurement, il se demanda même s'il avait bien fait de convoquer ces « JO ». Jamais il n'aurait imaginé que ces joutes oratoires pourraient provoquer tant d'agressivité. Mais maintenant que tous les concurrents étaient à nouveau réunis, il fallait aller jusqu'au bout. Sa réputation et la capacité d'organisation de son Royaume étaient en jeu.

– Mesdames et messieurs, introduisit le Sage, comme vous le savez certainement, une lettre de menaces a été adressée à l'une des délégations. Cela est inadmissible. Nous sommes là pour découvrir dans un esprit d'ouverture ce qu'est l'expérience religieuse authentique et nous voilà confrontés à la pire violence qui soit, celle opérée au nom de Dieu, de surcroît de manière anonyme. Ce fanatisme et ce manque de courage sont désolants. Nous voulons néanmoins poursuivre nos joutes et ne pas nous laisser intimider par la barbarie de certains. Je donne dès lors la parole au swami Krishnânanda, délégué de l'hindouisme.

Le jeune homme se leva. Comme les autres concurrents, il avait moins de quarante ans. En fait, il était le plus jeune de tous et sa juvénilité était particulièrement visible. Né à Tiruchuli, dans le sud de l'Inde, il avait été marqué, comme toute sa génération, par Ramana Maharshi, qui avait médité pendant cinquante-trois ans au mont mythique d'Arunâchala. Mais, contrairement au saint homme, Krishnânanda avait dès son jeune âge beaucoup voyagé en Inde. Sa vive intelligence et son extraordinaire concentration dans la méditation l'avaient rendu célèbre. Certains même avaient suggéré que Shankara, maître suprême de l'Advaita Vedanta – un des systèmes hindous les plus prestigieux –, s'était réincarné dans le swami.

Comme Rahula, il se mit en position de méditation près de la fontaine ; mais il se plaça volontairement de l'autre côté du jet d'eau. Puis, avec une qualité de présence extraordinaire, il prononça le *mantra* « OM », la syllabe la plus sacrée de l'Inde. Les vibrations émises touchèrent les personnes présentes dans des profondeurs de leur être qu'elles ne soupçonnaient pas.

La parabole des deux oiseaux

Après une minute de silence, il leur raconta la parabole suivante :

– Sur un arbre se trouvent deux oiseaux. L'un sur la cime, l'autre sur les branches inférieures. Celui qui demeure tout en haut est calme, majestueux. L'oiseau d'en bas, en revanche, est agité. Sautant d'une branche à une autre, il picore des fruits, parfois doux, parfois amers. Quand il lui arrive de goûter un fruit particulièrement désagréable, il lève la tête. Et là, que voit-il sur la cime ? L'oiseau radieux. Aspirant à lui ressembler, il s'approche alors de lui. Puis, oubliant sa quête, il mange à nouveau des fruits doux et amers. Quand une souffrance plus intense le saisit, il élève alors les yeux et contemple à nouveau l'oiseau imperturbable, au-delà des joies et des peines. Et ainsi continue l'escalade, jusqu'à ce que l'oiseau inférieur s'approche de celui qui rayonne. Tout près de lui, il découvre que son propre plumage s'est transformé et qu'il s'est mis à briller. Plus il grimpe, plus il sent son corps s'évanouir et fondre dans la lumière. Alors, tout à coup, il comprend ce qui s'est passé. L'oiseau inférieur n'était pas différent de l'oiseau supérieur. Il était comme son ombre, un reflet du Réel. Son erreur avait été de ne pas reconnaître qu'en tout temps l'essence de l'oiseau supérieur était la sienne.

Après un moment de pause, le swami ajouta :

– L'oiseau suprême est Brahman, Dieu au-delà de toutes les dualités et pourtant présent en elles. L'oiseau inférieur est l'âme humaine, sujette aux fluctuations terrestres des joies et des peines, des expériences agréables et désagréables, des louanges et des menaces.

Avec beaucoup de sollicitude, Krishnânanda posa son regard sur Ali ben Ahmed.

– Or plus l'âme humaine s'approche de son identité véritable, plus elle est libre des conflits passagers de ce monde et plus elle entre dans la béatitude indescriptible de Dieu.

Se tournant alors vers les jurés, il leur dit :

– Cette parabole de Vivekânanda résume plusieurs des enseignements essentiels de ce que vous appelez l'hindouisme, mais que nous nommons Sanâtana Dharma, la Religion éternelle ou l'Ordre permanent des choses. "Que reste-t-il de moi après la mort ?", "Qui suis-je ?"… Telles sont certaines des questions fondamentales que chacun doit se poser. Selon nous, hindous, le Soi véritable n'est ni le corps ni la conscience. Caché en chacun, il est l'Au-delà de tous les conditionnements et n'est pas séparé de Dieu. L'expérience religieuse est la découverte en tout être de l'Être au-delà de tout. C'est un cheminement qui permet de quitter la circonférence de la vie pour s'approcher du Centre. Nous pensons que l'homme ne voyage pas de l'erreur vers la vérité, mais d'une vérité inférieure à une vérité supérieure. C'est pourquoi toutes les religions ont leur valeur, car toutes – du fétichisme le plus sommaire au mysticisme le plus élaboré – cherchent à *réaliser* l'Infini.

Fondement de l'hindouisme

Le swami ferma ses yeux et respira profondément.

– Dans l'hindouisme, il n'y a pas un fondateur comme dans les autres religions. Tel un arbre aux multiples branches, dont les racines plongent dans la même terre, ainsi de nombreux mystiques ont transmis leur expérience du Réel. Des premiers textes védiques – datant de plus de trois mille ans – aux écrits contemporains de nos sages, en passant par les grandes épopées que sont le

Mahâbhârata – dont la *Bhagavad Gîtâ* – et le *Râmâyana*, ainsi que les anciens récits des *Purâna* et les recueils de lois appelés *Dharma-Shâstra*, un seul et même mouvement se dessine. C'est celui allant de l'exprimé à l'Inexprimable, de la multiplicité à l'Unité, du transitoire à l'Immortel, des conditionnements à la Liberté. Les innombrables divinités que vénèrent les hindous ne sont que les noms pluriels d'une même Réalité ultime. Brahmâ, Shiva et Vishnou, avec leurs épouses Sarasvatî, Shakti et Lakshmî, représentent la complémentarité du masculin et du féminin dans l'Absolu. Ils symbolisent aussi les Forces à l'œuvre dans l'univers : création, destruction et préservation, ou encore inspiration, énergie et abondance. Des milliers d'autres divinités animent notre panthéon. Du très populaire Ganesha à tête d'éléphant, invoqué pour enlever les obstacles, à la déesse Gangâ, qui a donné son nom au fleuve Gange dans lequel les hindous aiment se purifier, ces divinités inspirent nos mythes et nos rites. A tort, certains considèrent que nous adorons dès lors des idoles. Mais comme la lumière est une, le prisme des couleurs est multiple.

Le swami observa discrètement le cheikh pour percevoir sa réaction. En effet, pendant des siècles, des envahisseurs musulmans avaient saccagé de splendides temples hindous au nom d'Allah, qu'aucune image ne doit représenter. Mais le musulman resta imperturbable.

– Nous ne sommes pas polythéistes. Au pire on peut nous qualifier de *mono-polythéistes*. Fondamentalement, nous savons que la Réalité suprême est Une.

« Dans un des hymnes védiques les plus célèbres – le Rig-Véda 10,129 –, voici ce qui est chanté : “Il n'y avait pas l'être, il n'y avait pas le non-être en ce temps. [...] Ni la mort ni la non-mort n'étaient en ce temps, point de signe distinguant la nuit du jour. L'Un respirait sans souffle mû de soi-même : rien d'autre n'existait par ailleurs."

En récitant ce texte, le swami, une fois de plus, avait clos ses yeux et était entré en lui-même. Puis il poursuivit :

– Dans l'*Ishâ Upanishad*, l'une des *Upanishad* les plus connues et les plus chères au cœur des hindous, il est dit : "Puisse le Seigneur revêtir toutes choses ici-bas, tout ce qui se meut dans l'univers en mouvement ! [...] Unique et sans bouger, Cela va plus vite que la pensée : les dieux ne l'atteignirent point quand Il courait devant eux ! [...] Cela s'active et ne s'active pas ; Cela est loin, Cela est près ; Cela est intérieur à tout, Cela est extérieur à tout." La Divinité suprême revêt ainsi les masques des dieux et des humains, des animaux et des fleuves, des montagnes et des danses. En tout et partout, elle peut être expérimentée...

Un sentiment de plénitude se dégageait du discours du swami. Certains, cependant, l'écoutèrent avec un sentiment confus d'enfermement. Comme si le regard extraordinairement englobant de l'hindou ne leur permettait pas de respirer à leur rythme.

– Brahman, poursuivit le maître hindou, est le 1 du paysan russe dont a parlé le docteur Clément. Or le 1 peut être perçu dans le 2, le 3, le 4 et l'infini des chiffres. Il est le Fondement qui sous-tend et habite le Tout.

Ne tenant plus en place, le Bouffon se leva de son siège et se dirigea vers Krishnânanda en clamant :

– “Brahman est partout !
Il est en moi, il est en toi, il est en tout.
Brahman est partout !
Dans la terre, dans mes vers, dans les vers de terre.
Brahman est partout !
Dans ma tête, dans mon cœur et dans ma main.”

Et, sans avertir, il gifla bruyamment le swami. Profitant de la consternation générale, le Bouffon déversa son indignation :

– Qu’est-ce que c’est que ces foutaises ? Brahman... partout... Vous le voyez aussi dans les gifles et les lettres de menaces ? Dans les viols et les enfants torturés ?

Le Sage somma le Bouffon de se calmer et de retourner à sa place, sans quoi il se verrait dans l’obligation de lui faire quitter la salle.

Souffrance et libération

Tous guettaient la réaction de l’hindou.

– Connaissez-vous Toukârâm ? Ce jeune homme, à quinze ans, perd son père puis, peu après, sa mère. Ensuite, il épouse Rakhoumâbâi, qui le console de sa peine. Après de brèves années d’un bonheur relatif, commence une période de famine. Plus de grain pour personne. Sous ses propres yeux, sa femme bien-aimée dépérit et meurt. Puis c’est au tour de son premier-né, le petit Chantou, qui rejoint sa mère sur le bûcher funéraire... Les hindous connaissent la réalité des souffrances. Non seulement dans cette vie, mais aussi dans toutes celles qui l’ont précédée. Selon une tradition, entre deux réincarnations dans un corps humain, il y a 8 400 000 naissances dans des réalités non humaines, donc végétales, animales ou autres. Écoutez le cri lancé par Toukârâm dans un de ses “psaumes” :

> “Que de souffrances pendant le cycle de mes vies !
> Avant de devenir fœtus dans le ventre de ma mère,
> huit millions quatre cent mille fois
> je suis sorti par la porte de la matrice ;
> et me voici destitué, mendiant.
> [...] Qui portera mes malheurs ?
> Qui fera sien mon lourd fardeau ?
> Ton nom est le passeur sur le fleuve du monde,
> tu cours à l'aide de celui qui l'invoque.
> Il est temps que tu viennes à moi en courant,
> je suis, ô Nârâyana – Dieu dans l'homme –,
> un pauvre dans le besoin.
> Ne regarde pas mes défauts ;
> Toukâ mendie ta pitié.”

« Or, au cœur de son immense douleur, Toukârâm fera l'expérience de la libération offerte par Viththal – un des noms de Vishnou.

> “Chantons dans nos chants Viththal,
> plaçons dans nos pensées Viththal.
> [...] Ami des sans-amis,
> fleuve de grâce,
> il brise nos entraves et notre mort.
> Au suppliant prosterné
> il accorde délivrance :
> il habite chez les saints.”

« Vous avez tous, je pense, entendu parler de la *Bhagavad Gîtâ*, le livre le plus célèbre de notre tradition. Savez-vous que son contexte est celui d'une guerre fratricide effroyable dont les dimensions sont inimaginables ? Et c'est précisément dans ce conflit terriblement meurtrier que Krishna vient révéler la voie de la délivrance.

« Si nous, hindous, parlons autant de *moksha*, de la libération, c'est bien parce que nous connaissons intimement les souffrances liées aux cycles de réincarnation. Pourquoi certains naissent-ils mendiants, d'autres fils de roi ? Pourquoi certains sont-ils exploiteurs et d'autres exploités ? Les réponses que donne l'hindouisme sont la loi du *karman*, de la causalité universelle, et celle du *samsâra*, de l'écoulement des existences. Toute pensée, toute parole ou tout acte génère des fruits ou des conséquences. Un acte bienfaisant aura des incidences positives et un acte malfaisant des incidences négatives. La vie de tout humain dépend de son *karman* passé. De celui qui se réalise dans le présent – le *Prârabdha-karman* – et de celui qui n'a pas encore été suivi d'effet – le *Sanchita-karman* – et qui se reporte sur les vies futures. Par les actions accomplies dans cette vie – l'*Agâmi-karman* –, tout humain peut influencer son propre avenir. Il n'est donc pas indifférent que votre main frappe ou caresse. Dans un futur proche ou dans une vie à venir, vous aurez à en subir les conséquences ou vous pourrez en récolter les fruits.

Sans avoir compris toute l'explication du swami, le Bouffon commençait déjà à regretter son geste.

– Le *samsâra* désigne donc le courant sans commencement ni fin des existences. Tant que l'être humain n'a pas découvert son identité véritable, c'est-à-dire son unité avec Brahman, il continue de subir le drame de la réincarnation. L'hindouisme propose plusieurs moyens pour vivre la délivrance ; ce sont les différents *yogas*. Les Occidentaux connaissent surtout le *hatha-yoga*, qui propose des postures physiques appropriées. Mais, plus fondamentalement, il y a le *karman-yoga*, qui consiste à agir de manière désintéressée, le *râja-yoga*, si bien décrit par Patanjali dans son *Yoga-sûtra*, qui consiste à approfondir la concentration et la méditation, le *jnâna-yoga*, qui mène à l'Ultime par la connaissance et l'analyse intellectuelle, et finalement le *bhakti-yoga*, qui par l'amour ouvre à la Réalité absolue. Ce monde-ci est pétri de violences et d'illusions. Seul le Réel véritable est bonheur et plénitude. Or l'enseignement des sages, c'est que le Réel est présent dans l'irréel et que, pour celui qui cherche, un dévoilement est possible.

Krishnânanda se tut. Le dos bien droit, il médita quelques instants en murmurant la parole sacrée « OM » et le vœu de paix « Shânti ».

L'arrestation

A l'entrée de la salle, un garde s'agitait. Hésitant à briser le profond silence de l'assemblée, il se décida toutefois à remettre au modérateur le billet qu'on lui avait transmis.

Le Sage le lut et un large sourire de satisfaction anima son visage :

– Mesdames et messieurs, j'ai la joie de vous annoncer

que le perturbateur de notre rencontre a été arrêté. Notre police l'a trouvé dans sa chambre d'hôtel avec une arme à feu qu'en vain il a essayé de cacher. Ce jeune homme, celui-là même qui avait perturbé l'inauguration de nos joutes, est un musulman extrémiste. Dans ses bagages, nous avons trouvé un ouvrage d'un certain al-Maghîlî sur le *jihâd*, la guerre sainte, je crois. Mais ici, la guerre est finie.

L'imam Ali ben Ahmed était à la fois soulagé et meurtri. Soulagé à l'idée que sa fille ne serait plus menacée, et meurtri parce que, une fois de plus, l'islam véritable était trahi par un extrémiste. Al-Maghîlî, il le savait bien, considérait que le *jihâd* était plus urgent contre les frères compromis avec de « fausses » doctrines que contre les païens eux-mêmes. Celui qui avait été visé, c'était lui, bien plus que sa fille. Le cheikh avait envie d'expliquer à l'assemblée ce qu'était réellement le *jihâd* selon l'islam et que l'écrasante majorité des musulmans étaient dégoûtés par la violence commise au nom d'Allah. Mais, par politesse envers l'hindou, il se résolut à attendre son tour.

Confrontations

– Le débat avec le swami peut se poursuivre, *dans la paix*, affirma d'un ton victorieux le Sage. Qui désire s'exprimer ?

Une fois de plus, le premier à intervenir fut le professeur Tannier :

– En tant que philosophe, j'aurais souhaité vous entendre présenter les six écoles de la philosophie hindoue, que vous appelez Darshana, je crois. L'une d'elles, le Sânkhya, m'a-t-on dit, est même athée... Mais je comprends qu'il n'est pas utile ici d'entrer dans trop d'abstractions. Je vous poserai donc une question très pratique. Vous semblez dire que Brahman est omniprésent. Si c'est le cas, comment se fait-il que l'hindouisme ait pu justifier le système social si injuste qu'est le système des castes ? Comment se fait-il aussi, si l'Absolu se trouve en tous, que certains "gourous" puissent avoir tant d'influence sur leurs disciples, au point d'en abuser sexuellement parfois ?

– Parmi d'autres ouvrages, c'est dans le *Manu-Samhitâ*, le *Livre des Lois de Manu*, que sont fixés les fondements de la société hindoue. Celle-ci, en effet, a été structurée en quatre *varnas*, ou castes. Déjà dans le *Rig-Véda* se trouve un hymne célèbre, récité chaque jour par beaucoup d'hindous, où il est écrit à propos de Purusha, l'Homme primordial duquel l'humanité est née :

> "Sa bouche fut le Brahmane,
> de son bras on fit le Guerrier,
> ses jambes c'est le Laboureur,
> le Serviteur naquit de ses pieds"
> (Rig-Véda 10,90).

« Les *brâhmana*, ce sont les prêtres, les philosophes, les érudits et les chefs religieux ; les *kshatriya*, la caste des guerriers et des chefs politiques ; les *vaishya*, ce sont les commerçants et les paysans ; et les *shûdra*, les ouvriers et les serviteurs. Ces quatre grandes "colorations", ou castes, sont encore subdivisées en de multiples *jati*, ou catégories, en fonction des naissances et des professions. En dehors de ce système, il ne faut pas oublier les *parias*, ou “intouchables”, ceux que Gandhi a appelés affectueusement les *harijans*, les enfants de Dieu – eux-mêmes, ils préfèrent se nommer les *dalits*, c’est-à-dire les hommes brisés. Parmi les neuf cents millions d’Indiens, ils sont cent trente à l’être. A l’origine, le système des castes avait pour but d’éliminer les assauts de la concurrence entre catégories sociales. Chacun, à sa place, pouvait contribuer au bien de la société et réaliser sa vocation spécifique. Malheureusement, le système s’est durci et les prises de pouvoir ont pu provoquer de nombreuses oppressions. Même si le gouvernement indien cherche à abolir ce système, il est ancré dans les mentalités.

« Sachez cependant que pour un homme vraiment religieux cette organisation hiérarchique n’a aucune portée. Pas plus que les rituels, d’ailleurs. Notre grand maître Shankara a dit : “Les castes, les observances, les devoirs attachés au système des castes et aux diverses phases de l’existence ne sont pas faits pour moi, ni la concentration d’esprit, la méditation ou le yoga. La surimposition du je et du mien établie sur le non-être a été abolie. Ce qui reste, cet Un, Shiva, le Délivré, Je le suis.”

Gourous et kangourous

– Et les gourous ?

– Là aussi, il y a certainement des abus. Un gourou, c’est toute personne dont l’enseignement a du “poids”. La tradition hindoue distingue quatre niveaux de gourous :

les parents, les maîtres profanes, le maître spirituel et le Gourou cosmique, vers lequel mène le gourou spirituel. Le rôle du maître est d'aider à découvrir quelle est la bonne voie spirituelle, mais non de la parcourir à votre place... et encore moins de s'enrichir à vos dépens...

Le Bouffon se tourna vers le Sage et lui glissa dans l'oreille :

– Sais-tu quelle différence il y a entre un méchant grand gourou et un gentil kangourou ? Aucune. Car tous les deux aiment empocher !

– En dernière instance, poursuivit Krishnânanda, il n'y a pas de différence entre un gourou et un disciple. Shankara a dit aussi : "Ni maître ni enseignement ni disciple ni étude ni toi ni moi ni cet univers. La conscience de la réelle nature du Soi n'admet pas de différenciation. Ce qui reste, cet Un, Shiva, le Délivré, Je le suis."

Rahula demanda la parole.

Le swami hindou, comme le moine bouddhiste, sentit tout le poids des deux mille cinq cents ans d'histoire peser sur leurs échanges. Pendant des siècles, jusqu'aux dominations musulmanes et britanniques, l'Inde avait été gouvernée par des dynasties tantôt favorables aux bouddhistes, comme celles des Mauryas et Kushânas, tantôt favorables aux hindous, comme celles des Shungas et des Guptas.

– Dans bien des sermons bouddhiques, le privilège des castes et l'orgueil de brahmanes sont attaqués avec véhémence. Or il est certain que bien des moines bouddhistes ont aussi mal utilisé leurs pouvoirs et se sont enflés d'orgueil.

Le swami se sentit apaisé par l'autocritique non feinte de Rahula.

– Voici pourtant ma question. La doctrine bouddhiste de l'absence de Soi paraît s'opposer directement à la conception hindoue du Soi identique ou uni au Brahman. Nous considérons que le "je" est pure disponibilité sans substance alors que vous affirmez qu'au-delà du "je égoïste" il y a un "JE" universel, un "CELA" indescriptible. Notre philosophie est négative, mais non pas dans le sens retenu par le pape dans son ouvrage *Entrez dans l'espérance*, où il pense à tort que nous méprisons le monde. Elle est *négative* en ce qu'elle refuse toute détermination qui pourrait saisir ou enfermer l'Indescriptible. *Saisir*, c'est s'approprier ; et toute appropriation peut dégénérer en un pouvoir qui tue. Alors que nos sages s'en tiennent à une attitude et à un discours de négation et de non-saisir, les vôtres osent être affirmatifs en déclarant : "Cet Un, Je le suis." Or cette affirmation du Soi ultime dans la vie d'un humain peut précisément, lorsque le cœur n'est pas assez purifié, être la cause d'une arrogance de caste ou de l'orgueil d'un gourou. Qu'en pensez-vous ?

– Comme je l'ai déjà dit au professeur Tannier, je dois reconnaître que l'hindouisme, comme toute religion ou philosophie, peut véhiculer des perspectives qui, mal comprises, sont dangereuses. En Inde et en Occident, il y a beaucoup de pseudo-gourous qui profitent de la superficialité des foules pour s'enrichir à leurs dépens. Le vrai sage refuse toute appropriation. Comme l'a dit Shankara, il ne surimpose pas son "je" sur le non-être. Le vrai sage est un mystique qui laisse l'Ultime s'exprimer par lui. Seul le "JE SUIS" que dit Dieu par la bouche d'un homme est véritable et immortel. L'ego de l'homme est passager, l'Atman-Brahman est éternel.

Pile et face

– Si je vous ai bien compris, intervint alors Alain Tannier, l'hindouisme et le bouddhisme seraient les deux faces d'une même pièce. La doctrine du non-Soi selon le Bouddha part de l'expérience humaine et avec prudence dit de tout ce qui est expérimenté : "Non, ceci n'est pas permanent. Ne vous y fiez pas !" La doctrine du Soi selon les hindous part du Permanent et avec prudence dit : "Le Permanent peut être expérimenté dans ce monde impermanent." Le bouddhisme refuse de considérer que notre univers en perpétuel changement a une valeur absolue et l'hindouisme part de l'Absolu éternel et le déchiffre dans notre univers qui fluctue.

Le modérateur rappela aux concurrents qu'ils devaient tenir des propos compréhensibles et accessibles à tous. Alain Tannier, malgré la remarque, était heureux d'avoir compris quelque chose d'essentiel. Du moins, c'est ce qu'il avait cru.

– Ce n'est pas aussi simple, rectifia Rahula. Lorsque les bouddhistes affirment que "rien n'est permanent" ou que "tout est impermanent", cela peut vouloir dire deux choses. Soit que le "tout" ne concerne que ce qu'on perçoit et qu'il existe dès lors un Impercevable permanent au-delà de ce "tout". Soit que le "tout" concerne réellement le TOUT, même Dieu, les dieux et le Soi des hindous. Dans ce cas, la seule vérité permanente est celle de l'impermanence de TOUT.

– C'est la première solution qu'adoptent les hindous, précisa le swami. Notre maître Shankara a pu être appelé parfois un “bouddhiste déguisé”. Certains spécialistes comme Ananda Coomaraswamy considèrent même que le bouddhisme et l’hindouisme ne se distinguent guère l’un de l’autre en profondeur. Au-delà des mots, il y a l’expérience. Les vaches, quelle que soit leur couleur, donnent le même lait. La rose, quelle que soit le nom qu’on lui donne, émet la même odeur.

– Peut-être, intervint alors le cheikh. Mais le lait de la vache n’est pas le même que celui de la chèvre et l’odeur d’une rose diffère de celle du jasmin. Les musulmans ont eu beaucoup de peine à comprendre vos pratiques et vos doctrines. Cela est vrai, du moins, de ceux qui s’en tiennent rigoureusement à la lettre du Coran et de la *Shari’a*, la Loi islamique. Toutes vos représentations de Dieu sous forme d’animaux ou d’humains, de corps de femmes ou d’organes sexuels, ont choqué la sensibilité islamique. Allah a dit à Mohammed : “Dis : Il m’est interdit d’adorer ceux que vous invoquez hors de Dieu” (Coran 6,56).

Ali ben Ahmed marqua une pause.

Dans la mémoire du swami remonta le souvenir de toutes les blessures infligées par des chefs musulmans à son peuple. Mahmud de Ghazna et Mohammed de Ghor, parmi bien d’autres, avaient sauvagement pillé son pays et fracassé des milliers de statues. Par dizaines, des temples hindous ont été démolis, et des mosquées reconstruites à partir des ruines.

– Il vaut peut-être mieux avoir une représentation jugée partielle du divin et s’en satisfaire pour sa propre pratique qu’avoir une vision telle du Dieu Un qu’elle justifie la destruction massive des croyances et des pratiques des autres.

Le cheikh fut surpris par la remarque sévère de l'hindou.

– Vous vous méprenez sur ce que je voulais dire. J'étais en train de penser à ce que le grand mystique musulman Jalaleddin el-Roûmi a enseigné et que beaucoup de nos soi-disant docteurs de la Loi islamique n'arrivent pas à comprendre. Roûmi rapporte un dialogue entre Dieu et Moïse, ce dernier ayant réprimandé un berger ignorant : "Où es-tu, que je puisse te servir, que je raccommode tes chaussures, que je peigne tes cheveux ? avait demandé le berger. – Infidèle ! lui aurait dit Moïse en passant par là. Ce sont là sottises et impiétés. Dieu n'a pas besoin de cela. C'est l'insulter que de lui attribuer ces besoins." Confus, le berger fuit au désert. C'est alors que Dieu reprend son Prophète : "Tu viens de détacher de moi un de mes serviteurs. Tu as été envoyé pour unir, non pour séparer… Nous avons donné à chacun un caractère propre, un langage particulier. Ce qui est louange pour lui est blâme pour toi ; ce qui est pour lui miel est pour toi poison… Pour moi, je suis au-dessus de toute pureté ou impureté. Ce n'est pas pour en tirer profit que j'ai créé les êtres mais pour manifester ma bienveillance à leur égard… Je ne suis pas purifié par leurs louanges ; ce sont eux qui en deviennent plus purs. Je ne considère pas l'extérieur et les paroles mais l'état du cœur et le dedans… Car le cœur est la substance et les mots sont les accidents." Roûmi a dit encore : "Le non-être et l'imparfait sont les miroirs de la Beauté dans tous les êtres."

Ces propos conciliants du musulman surprirent tout le monde.

La Vérité et le monde, dans tout ça ?

Le docteur Clément demanda la parole :

– Dans chacune de nos traditions, il y a des courants conciliants et des courants intolérants. L'hindouisme semble offrir une immense ouverture à toutes les traditions religieuses. Cela vous est possible car vous considérez l'Absolu comme le Centre auquel mènent tous les chemins partant de la circonférence, ou encore comme le Sommet auquel arrivent toutes les voies s'élevant de la base. Or vous n'êtes pas sans savoir que pour beaucoup de chrétiens, comme d'ailleurs pour beaucoup de musulmans, leur religion est perçue comme l'unique voie de salut. Cela peut paraître prétentieux. Mais parfois, pour certaines maladies, un seul remède est le bon, non seulement pour ceux qui en sont déjà convaincus, mais aussi pour toute l'humanité. Vouloir par esprit d'ouverture essayer tous les remèdes possibles peut conduire à la mort. Comment réagissez-vous à ceux qui vous affirment qu'une seule voie religieuse est la bonne ?

– Un hindou digne de ce nom, répondit de manière laconique le swami, ne peut absolutiser une seule voie. Cela est le fait des ignorants.

– Et parfois aussi des connaissants ? demanda Christian Clément. Peu importe. Nous aurons l'occasion de rediscuter ce sujet.

Depuis un moment, le Sage avait senti que la tension entre les concurrents était montée. Était-ce à cause de la fatigue ? Des différences entre leurs religions ? Ou tout simplement parce que l'homme religieux, même s'il est religieux, reste un homme ?

– Ma deuxième question, poursuivit le chrétien, concerne le rapport au monde. Il y a en Inde beaucoup de pauvres, matériellement s'entend. En Occident, il est vrai, la pauvreté économique existe aussi ; le chômage s'étend de manière inquiétante. Et j'en sais quelque chose. De mon pays, la Suisse, beaucoup de personnes ont dû, au siècle passé, émigrer vers des horizons nouveaux, simplement pour pouvoir survivre. Dans notre relative prospérité actuelle, même si, comme je l'ai dit, le nombre de chômeurs s'est fortement élevé, bien de mes compatriotes l'ont oublié. Cela dit, pour nous, la prospérité financière et le bien-être matériel ne sont pas à dénigrer. D'après la Bible, le monde a été créé par Dieu et confié à l'homme pour qu'il en jouisse sans en abuser. Le spirituel et le matériel sont dès lors inséparables. A vous entendre, j'ai l'impression que dans l'hindouisme la priorité est accordée à Brahman – et aux brahmanes, les prêtres –, et cela aux dépens de l'existence concrète. Est-ce que je me trompe ?

– Traditionnellement, en Inde, ce sont les mystiques qui l'emportent en prestige sur les politiciens. Leur sagesse concerne l'Éternel alors que les gouvernants se préoccupent du passager. Avec la mondialisation des relations et la prédominance de l'économie à tous les niveaux, les choses sont peut-être en train de changer. Il serait pourtant erroné de croire que l'hindouisme ne valorise que la quête de *moksha*, la délivrance, et qu'il dénigre le reste. Outre celle-ci, il considère comme légitimes trois autres finalités : à savoir *artha*, l'obtention de richesses matérielles, *kâma*, la jouissance érotique et la procréation, et le respect du

Dharma, la Loi universelle. Ces quatre *purushârtha*, ou finalités humaines, sont dignes de respect.

En entendant prononcer le mot *kâma*, certains spectateurs tendirent l'oreille. En vain ils espérèrent glaner quelques conseils d'érotisme oriental. Un discours philosophique ardu leur fut livré.

– Sans entrer dans tous les détails, les relations entre Dieu, le monde – que nous appelons *Jagat*, littéralement ce qui passe – et les Hommes – ou *Jîva*, les êtres vivants incarnés – sont complexes. Selon Madhva, le monde est éternel et distinct de Dieu. Il en va de même de l'Humain. Selon Râmânuja, le monde est une manifestation de l'Énergie divine. Il est comme le corps de Dieu et les Humains sont des parcelles du Divin, distinctes et pourtant unies à Cela. Selon Shankara, dans l'expérience mystique ultime, le monde et l'Humain s'évanouissent en Dieu. Aux ignorants, le monde apparaît comme réel, alors qu'il est irréel. Le monde est *Mâyâ* – magie, rêve, illusion et irréalité cosmique – en considération de la Surréalité de l'Absolu.

« Ayant dit tout cela, je ne pense pas avoir répondu à votre question. Il se peut que l'Inde ait négligé les conditions sociales dans lesquelles vivent ses habitants au nom de la quête spirituelle. Heureusement, les choses changent. Dans mon ordre monastique, l'ordre de Shrî Râmakrishna, et dans l'œuvre missionnaire qui lui est associée, nous menons une vie à la fois contemplative et active dans le domaine social. Nos monastères abritent des écoles, des orphelinats, des hôpitaux, des pharmacies ou encore des bibliothèques. Le spirituel, même s'il prédomine sur le matériel, ne saurait l'ignorer.

L'origine du mal

Le rabbin Halévy fut le dernier à s'exprimer :

– J'ai une question et une remarque. Voici ma question : dans notre tradition juive – mais cela se retrouve aussi dans le christianisme et dans l'islam –, le mal produit par l'humain résulte d'une méfiance, d'une rupture d'alliance avec Dieu, d'une révolte qui le déracine de la Source qui le fait vivre. Le salut, dès lors, consiste à réintégrer l'alliance avec Dieu et son prochain en obéissant aux lois divines. Si je vous comprends bien, le mal selon les hindous naît des actions négatives des hommes, qui elles-mêmes sont engendrées par l'ignorance. C'est parce que l'homme a oublié sa nature véritable, en relation ou identique à Dieu, qu'il s'englue dans des existences terrestres multiples. Je ne veux pas aborder ici la différence fondamentale entre la réincarnation en de multiples vies et la résurrection après une seule vie, comme le professent la plupart des croyants dans les monothéismes sémites. Ce que je ne comprends pas, c'est pourquoi et comment le Soi libre et parfait qui résiderait en tout être a pu être voilé par l'ignorance. Comment l'être vivant a-t-il pu s'identifier à son propre corps et oublier son essence véritable ? En un mot, si Dieu et le Soi sont éternels et parfaits, pourquoi le surgissement de l'ignorance et la mise en route du *karman* ?

Le swami admira la perspicacité du rabbin.

– Beaucoup d'hindous ont essayé de donner une réponse à cette question, aucune n'est pleinement satisfaisante. Vivekânanda a admis avec humilité qu'il n'en connaissait pas le pourquoi. Je préfère moi aussi me taire.

– Nous avons tous des questions sans réponse dans nos religions et j'apprécie votre sincérité. C'est certainement la meilleure des réponses.

– Vous aviez encore une remarque ? relança le modérateur.

– Ah oui ! Pour nous, juifs, Dieu est le Créateur du monde, différent de lui. Le verbe hébreu qui évoque cette création, c'est *bara*, et il s'apparente à l'adverbe *bar*, qui signifie "hors de". Dieu, en créant, a comme éjecté, expulsé hors de lui le monde, comme une mère le fait avec son enfant. Dire que Dieu a créé *ex nihilo*, hors du néant, c'est en fait reconnaître que l'univers a été expulsé du sein même de Dieu. D'après la mystique juive, la *kabbale*, Dieu est le Néant originel. Il est aussi le "JE" suprême. Il est donc à la fois le Vide dont nous parlent les bouddhistes et le Soi que nous présentent les hindous. D'ailleurs, en hébreu, "NE PAS" et "MOI" sont des anagrammes. Le premier se dit "AYN" et le second "ANY".

Le Roi et le Sage sursautèrent.

– Vous avez bien dit "ANY" et "AYN" ? demanda le Roi.

– En effet, répondit le rabbin, tout surpris. Cela vous choque-t-il ?

– Nous avons fait des rêves, commença le Roi, et…

Le regard du Sage le pressait de se taire.

– … nous en reparlerons une autre fois.

Dans son émotion, le Sage omit de donner la parole au public et au jury. Il leva la séance. Puis, se reprenant, il annonça encore :

– Comme vous l'avez lu dans vos programmes, la soirée sera culturelle. Des musiques et des danses typiques de notre pays, ainsi que des traditions religieuses en compétition ici, seront présentées ce soir au Grand Théâtre de la Ville. Vous y êtes tous conviés.

C'est presque en courant qu'il se rendit avec le Roi et le Bouffon dans une petite salle à l'écart de la foule.

ANY-AYN

Le Roi et le Sage étaient en ébullition. Le Bouffon, lui, restait flegmatique. D'une main nonchalante, il caressa les écailles de la tête d'Éloïse.

– Il a bien dit “ANY” et “AYN”, soupira le Roi. Il est certain maintenant que nos rêves n'étaient pas des fantasmes.

– Je dirais plutôt, rectifia le Bouffon, que dans vos rêves il n'y avait pas que vos fantasmes, mais aussi ceux du rabbin ! Peut-être est-ce par télépathie qu'il a transmis ces deux mots qui lui sont chers.

– C'est grotesque, affirma le souverain. Un rabbin qui fait de la transmission de pensée et envoie ses messages à trois personnes en même temps, et cela à des milliers de kilomètres de son lieu d'habitation ! Car toi aussi, Bouffon, tu as reçu un message.

– Oui, mais le mien venait de Dieu en personne !

– N'ironise pas. ANY, AYN et Dieu, c'est la même Source. Et puisque c'est le rabbin qui nous en a parlé, c'est sa religion qui doit être la meilleure.

Le Sage pondéra la conviction du Souverain :

– Le Dieu des juifs nous a peut-être envoyé ces messages. Mais ce qui est étonnant, c'est qu'il s'y révèle avec des attributs que les bouddhistes et les hindous ne renieraient pas : Dieu comme “NE PAS” inconnaissable et comme “JE” suprême. Il se fait découvrir comme une Personne et comme l’au-delà de toute personnalité. Ainsi, ce Dieu des juifs ne serait pas totalement étranger à certaines des intuitions propres aux religions orientales.

– Même si l’origine des messages commence à se préciser pour nous, réfléchit le Roi à haute voix, son contenu nous échappe encore. “Comme la lune, ton peuple doit mourir.” Aucun des concurrents n’a parlé de cela. Et ton message, quel était-il déjà ?

– “Comme le peuple, ton Roi doit mourir. Cherchez l’aiguille et vous vivrez.”

– On n’est pas plus avancés, soupira le Roi. Et je n’aime pas ces messages de mort. Que va-t-il nous arriver ? Je commence à avoir peur…

– Nous sommes placés devant un grave problème existentiel, philosopha le Bouffon. Où donc chercher le message de l’aiguille dans nos bottes de foin ? Ma réponse, la voici : foin de tous ces messages censés nous botter et nous aiguiller…

Il eut juste le temps de se baisser pour éviter le volumineux livre propulsé par le Roi en sa direction. Sans insister, le Bouffon quitta la pièce.

Amina

Amina fut soulagée d’apprendre que celui qui l’avait menacée avait été arrêté. Elle regagna sa chambre, attenante à celle de son père. L’hôtel qui accueillait les différentes délégations était pratiquement vide. Presque tout le monde se trouvait au Grand Théâtre. Seul le Sage était rentré chez lui, trop préoccupé par ce qu'il venait de vivre. David Halévy lui aussi, pris d'un soudain mal de tête, avait déserté le spectacle.

Amina jouissait du calme de la résidence. En Égypte, elle habitait au Caire, chez son père. Le contraste entre les rues bruyantes de sa mégapole et le calme du grand parc qui entourait l'hôtel était saisissant. La lune était presque pleine et une douce lumière enveloppait les arbres du jardin. Elle eut envie de s'immerger dans ce cadre féerique. Comme l'on prend un bain. Mais en pensant à son père elle hésita. « Je ne suis pourtant plus une fillette, se dit-elle. C'est à mon âge que ma mère m'a enfantée. »

Du haut de ses dix-neuf ans, Amina jouissait de quelques libertés. Pas assez à son goût. Jusqu'à il y a peu, son père enseignait encore à l'illustre université d'al-Azhar, et le poids des conventions religieuses et sociales avait lourdement pesé sur ses épaules. Depuis le départ du cheikh, elle ressentait un allègement certain. Mais pour le moment elle n'avait osé s'émanciper davantage. Ce soir-là, pourtant, elle choisit de ne pas écouter ses scrupules et prit la décision de sortir. « Tant que je reste dans le jardin de l'hôtel, mon père ne m'en voudra pas », se tranquillisa-t-elle en silence.

Dans son tumulte intérieur, Amina oublia de fermer sa chambre à clé – geste qu'elle eut beaucoup de peine à se pardonner par la suite. Dehors, la brise du soir caressait son visage. Et dans l'herbe soyeuse son pas régulier était comme une danse, comme une prière…

David Halévy venait de terminer la sienne :

L'Éternel est roi, l'Éternel a régné, l'Éternel
régnera à jamais.
Car la royauté est à toi et à tout jamais tu régneras
avec gloire, car pour nous, il n'y a d'autre roi
que toi.
Loué sois-tu, Éternel qui règne dans ta gloire ;
Il régnera toujours sur nous, à jamais et sur
toutes ses œuvres.

Après avoir rangé ses phylactères et son châle, il se préparait au coucher. Il ouvrit la fenêtre et loua le Seigneur d'avoir créé tant de beauté. Soudain, il aperçut Amina et eut un mouvement de recul. David avait trente-quatre ans et n'était pas encore marié. Cette anomalie pour un rabbin était devenue une source de plaisanteries pour nombre de ses proches, on ne manquait jamais une occasion de lui citer des textes du Talmud : « Un célibataire n'est pas un homme » (Yebamoth 63a), ou encore : « Vivre dans le célibat, c'est aussi grave que de commettre un meurtre » (Yebamoth 63b). Calmement, il avait pris l'habitude de leur rétorquer que c'était « Dieu qui choisit à chacun sa femme » (Moëd Katan 18b) et que tant que le Seigneur ne se décidait pas, il continuerait à être uniquement un « amant de la Torah ».

Le jeune homme ferma les yeux. Le regard échangé avec Amina durant la journée l'envahit. L'émotion alors ressentie avait été vite refoulée. Mais maintenant, seul dans sa chambre, il n'arrivait plus à la contenir. Tout doucement, il ouvrit ses paupières et contempla la jeune femme.

Amina marchait d'un pas détendu. Elle avait laissé son voile glisser sur ses épaules et ses épais cheveux noirs caressaient son cou. Elle s'arrêta pour cueillir une fleur et la porta à ses lèvres avec une infinie délicatesse. Le regard de David frôla le visage frais de la jeune fille et se faufila dans son corps. Il se sentit comme aspiré par une terre chaude et accueillante… « Adonaï, garde-moi ! »

David se dégagea de la fenêtre. Du livre des Proverbes, il se mit à réciter trop rapidement des paroles de protection : « Pour te garder de la femme funeste et de la langue enjôleuse de l'étrangère, ne convoite pas sa beauté en ton cœur, qu'elle ne te prenne pas de ses paupières […]. Si un homme va sur des braises, ses pieds ne se calcinent-ils pas ? Ainsi celui qui va vers la femme de son prochain : quiconque la touche n'en sortira pas indemne. » En lui-même, il essaya de se souvenir du roi David, qui avait été envoûté par la beauté de Bethsabée, et du roi Salomon, égaré par des femmes étrangères à son peuple. Malgré tous ses efforts, le visage et le corps d'Amina le fascinaient. Cédant à son obsession, il retourna à la fenêtre. Mais le parc était vide. Soulagé et déçu, il attendit là de longues minutes. Puis il perçut des pas légers dans le corridor : quelqu'un entrait dans la chambre d'à côté. Il crut même entendre l'eau du bain couler et des habits glisser à terre… Fatigué et triste, David Halévy se dévêtit et alla se coucher. Une honte mêlée de dégoût commençait à l'habiter. « Comment ai-je pu me laisser ensorceler par cette musulmane ? » se demandait-il.

Mais il n'eut pas le temps de se lamenter plus longtemps car, de la pièce voisine, un cri vite étouffé avait jailli. Sautant du lit, il se dirigea avec promptitude vers la chambre et demanda d'une voix forte si tout allait bien. Il entendit quelqu'un qui hurlait mais dont la voix était comme éteinte. Sans hésiter, il entra dans la pièce et là, dans la pénombre, il vit un homme masqué en train de brutaliser Amina. Se ruant sur lui, il essaya de dégager la jeune femme. Suivit alors un bref moment de bagarre intense et de confusion extrême, avant que l'homme se décide à s'enfuir. Pendant quelques instants, David Halévy chercha à le poursuivre en appelant à l'aide. Mais les couloirs de l'hôtel étaient vides et rapidement il fut semé par l'agresseur. Le rabbin retourna dans la pièce où le drame s'était produit. Il aperçut Amina, debout dans un coin, sanglotant, le visage enfoui dans ses mains. Il se mit à côté d'elle et posa avec délicatesse son bras sur ses épaules. La chemise de nuit de la jeune femme avait été déchirée et elle tremblait de tout son corps. Spontanément, elle se blottit contre celui qui l'avait sauvée. Sentant la douceur de ses formes et troublé par tant de vulnérabilité, David chercha d'abord à se dégager. Puis, se laissant aller, il essaya de la consoler avec douceur et pureté.

Leurs corps ne se touchèrent que quelques instants, mais David y goûta un fragment d'éternité. Puis, soudain, la jeune musulmane, prenant conscience de l'incongruité de la situation, se retira de l'étreinte et s'engouffra dans la salle de bains. David Halévy, sous le choc de l'émotion, tardait à partir. Enfin, retrouvant ses esprits, il sortit de la chambre. Au milieu du couloir, son regard tomba sur un objet qu'il n'avait pas remarqué. Par réflexe, il le ramassa. En le reconnaissant, il poussa un cri de stupéfaction. Avec discrétion, il le mit dans sa poche et alla avertir les responsables de l'hôtel de ce qui était arrivé.

Très peu de temps après, la police était sur les lieux et le cheikh conduit auprès de sa fille. Les questions fusèrent et il fallut raconter à de multiples reprises aux uns et aux autres ce qui s'était passé. Le rabbin se garda bien de dire quel objet il avait découvert en revenant de la chambre d'Amina. Ce n'est qu'après plusieurs heures harassantes qu'ils purent aller se coucher. Des policiers furent désignés pour veiller nuit et jour sur Amina et son père.

La jeune femme ne trouva pas le sommeil. Tout en elle était meurtri, sali, flétri. Quant au rabbin, ses rêves furent peuplés de cris et de cheveux noirs. Il crut même se reconnaître, revêtu des habits royaux de Salomon, en train d'avancer vers la belle Sulamite en lui récitant ces paroles du Cantique des Cantiques :

> Que tu es belle, que tu es suave, amour, dans les délices !
> Ceci, ta taille, ressemble au palmier, et tes seins
> à des pampres.

Au moment où il voulut contempler le visage de la jeune femme, il fut horrifié de voir que ce n'était pas Amina, mais le roi David, qui le regardait avec désapprobation et tristesse…

Consternation

Au petit déjeuner, tout le monde ne parlait que de « ça ». Qu'il était loin des préoccupations, le « CELA » du swami ! Les événements de la nuit avaient été rapidement divulgués par les médias locaux. Alors que seules quelques lignes avaient été consacrées aux prestations des premiers concurrents, cette agression fit la une des journaux.

« UN RABBIN SAUVE LA FILLE D'UN IMAM », titrait un

grand quotidien. Sur la manchette d'un journal à sensation on pouvait même lire : « VIOL ET VIOLENCE AU GRAND TOURNOI ». David Halévy fut choqué par plusieurs des articles parus dans la presse. Rares étaient ceux qui s'en tenaient aux faits. La plupart spéculaient déjà sur l'auteur présumé du méfait, et tous semblaient soupçonner des « extrémistes musulmans ». La police d'ailleurs n'avait pas attendu la parution de ces textes pour agir. Tous les spectateurs d'origine islamique furent appréhendés et soumis à un interrogatoire serré. Le rabbin perçut en lui-même combien le poids des préjugés écrasait non seulement sa propre communauté, mais aussi celle des musulmans.

Ali ben Ahmed, entouré de ses gardes du corps, entra d'un pas lourd dans la grande salle. Son visage était marqué, presque abattu. Amina avait reçu l'interdiction de se montrer en public. De toute manière, elle ne voulait voir personne. Pétrifiée de douleur, elle se terrait dans sa chambre. L'étroite surveillance de la police locale ne suffisait pas à la rassurer, la perspective de nouvelles agressions possibles la paralysait.

Lorsque le rabbin pénétra dans le lieu de rencontres, tous les regards se fixèrent sur lui. Baissant les yeux, il se dirigea vers sa place. Pendant une fraction de seconde, il aperçut le visage serein du moine bouddhiste et fut saisi d'un sentiment inconfortable de gêne, voire d'indignité. Depuis quelques heures, un volcan s'était réveillé en lui. La veille, il avait écouté avec intérêt Rahula parler de la souffrance et de la cause de la souffrance, notamment dans cette « soif des plaisirs des sens ». Intellectuellement, il avait pesé le pour et le contre de cette doctrine et l'avait sereinement comparée à l'enseignement de la

Torah. Maintenant, tout était différent. Le calme du moine accentuait encore davantage son tumulte intérieur. Alors qu'hier le rabbin s'était souvenu avec un dédain à peine voilé d'une parole du Bouddha : « Que pensez-vous, jeunes gens, qu'est-ce qui est meilleur pour vous ? Chercher une femme ou vous chercher vous-mêmes ? », aujourd'hui il se sentait confus. Il chercha à se rassurer. Un épisode de l'histoire du bouddhisme, source d'un des premiers schismes, lui revint en mémoire : lors d'un concile, contesté par le bouddhisme theravâda, le moine Mahâdeva aurait affirmé que les *arhats*, les saints, pouvaient aussi connaître des « épanchements nocturnes », ce que les puristes avaient rejeté avec force ; or la majorité aurait suivi Mahâdeva. « Un moine bouddhiste reste un homme, se dit David Halévy. Et un rabbin juif *aussi*... »

Très affecté, le Sage ouvrit la séance :

– Hier, une lettre de menaces a été découverte et un suspect arrêté. Cette nuit, la violence a une fois de plus éclaté et la fille du cheikh Ali ben Ahmed en a encore été la victime. Heureusement que le rabbin Halévy a pu intervenir et diminuer les effets de cette barbarie. Devant tous, je tiens à l'en féliciter. Suite à ces terribles incidents, nous avons hésité à clore prématurément ce Tournoi. Mais, avec l'accord des délégués, la décision a été prise de tenir bon et de ne pas laisser des fanatiques arriver à leurs fins. Peut-être même leur objectif est-il justement que cette rencontre cesse. Nous n'allons pas leur offrir ce plaisir-là. Le "hasard" a voulu que ce soit à la délégation musulmane de prendre la parole. Malgré le drame vécu, le cheikh a accepté de s'en tenir au programme. Qu'il en soit sincèrement remercié.

La prestation du musulman

Pendant plus d'une minute, le public l'applaudit. Le musulman resta silencieux à sa place et attendit la fin des acclamations.

– *Bismillâh ar-rahmân ar-rahîm.* De par le nom de Dieu, Tout-Miséricordieux, Tout-Compatissant. Islam... Dans ce mot magnifique, il y a la racine du mot "paix" – *salâm* –, qui en hébreu se dit *shalom.* Cette nuit, Allah a voulu que par un juif une musulmane soit préservée du pire. *Shalom* et *salâm* se sont donné la main.

Une fois de plus, le public l'applaudit avec émotion et détermination. Comme s'il cherchait à exorciser ses peurs.

– L'islam, appel divin à la Paix, est malheureusement trahi aujourd'hui par ceux-là mêmes qui s'en réclament. Que Dieu leur pardonne, car ils ne savent pas ce qu'ils font.

Cette invocation, si proche des paroles mêmes de Jésus, intrigua Christian Clément.

– Il y a au moins six sortes de musulmans, mais dans l'opinion publique ces distinctions ne sont pas connues. Il y a les musulmans *de nom*, si sécularisés qu'ils ne connaissent plus rien de leur religion. Il y a les musulmans *traditionalistes* ou *réactionnaires*, proches des pouvoirs politiques dans les pays prétendument islamiques, et qui justifient au nom de l'islam des régimes souvent injustes et totalitaires. Il y a les musulmans *révolutionnaires*, qui s'opposent à ces régimes corrompus, et cela au nom de la lettre du Coran et de la *Shari'a* ; pour arriver à leurs fins, certains n'hésitent pas à utiliser la violence, voire le terrorisme. Il y a les musulmans *réformistes*, qui eux aussi veulent combattre les régimes islamiques fossilisés et restaurer une société authentiquement musulmane ; pour ce faire, ils évitent de recourir à la violence. Il y a les musulmans *modernistes*, qui portent un regard sévère sur ces différentes formes d'islam et cherchent à harmoniser les textes révélés et législatifs avec une vision du monde contemporaine, humaniste et démocratique. Enfin, il y a les musulmans *soufis*, ceux qui vont au-delà de la lettre, ou plutôt au-dedans de celle-ci, pour y découvrir l'esprit, son sens caché, le *bâtin* ; contre les dogmes qui tuent, ils prônent une mystique qui vivifie. Le drame du monde islamique d'aujourd'hui, c'est que ces différents courants sont en guerre les uns contre les autres. Même nos rencontres ici ont été perturbées par la violence de ces tensions.

Le cheikh eut de la peine à retenir un sanglot.

La vie du cheikh

– Avant de vous présenter le contenu de la religion islamique, permettez-moi de vous dire quelques mots de mon cheminement spirituel. Nous musulmans, il est vrai, n'aimons pas beaucoup parler de nous-mêmes, car c'est la révélation de Dieu qui est la norme et non notre expérience personnelle. Néanmoins, je crois utile de rendre témoignage à l'action d'Allah en vous relatant quelques épisodes de ma vie.

« Je suis né en Égypte, dans une famille aisée et pieuse. Les premiers mots que j'ai entendus sont ceux-là mêmes murmurés dans mon oreille à ma naissance et qui sont les paroles de la *shahâda*, la confession de foi de tous les musulmans : *"Lâ ilaha illâ' llah wa Mohammad rasûlu' llah"*, "Il n'y a de divinité qu'Allah et Mohammed est l'Envoyé d'Allah". Ma vie terrestre a commencé par l'écoute de ces paroles si mélodieuses. Elle s'achèvera, si Dieu le veut, par ces mêmes paroles que je murmurerai à sa louange. Dès mon jeune âge, j'ai récité le Coran jusqu'à le connaître par cœur. Maintenant que je suis aveugle, cela m'est encore plus utile.

« Adolescent, je me suis révolté contre le vernis islamique dont est recouvert mon pays et contre sa colonisation culturelle et économique par l'Occident. J'ai fréquenté l'association des Frères musulmans et je me suis nourri des écrits de son fondateur, Hasan al-Bannâ, et de ceux prônant la violence de Sayyed Qotb. Il y avait en moi une haine contre tous ceux qui se disent musulmans mais ne suivent pas ce que Dieu a révélé dans le Coran et la *Shari'a*. J'étais comme l'auteur de la lettre de menaces et l'agresseur de ma fille : zélé et aveugle…

« Peu à peu, j'ai pris de la distance par rapport à l'aile violente des Frères musulmans et j'ai suivi une formation théologique complète à la prestigieuse université d'al-Azhar. A la fin de mes études, on m'a même demandé d'y enseigner, ce qui a été pour moi un immense honneur. Deux événements allaient toutefois bousculer ma vie. Le premier fut l'accident de voiture dont je suis sorti aveugle. Le choc fut terrible. Être plongé dans une nuit complète… Ne plus pouvoir voir la lumière du soleil qui arrose généreusement notre terre, les étoiles qui brillent chacune selon une précieuse délicatesse, les couleurs de l'univers dont les nuances sont infinies. Surtout, ne plus pouvoir contempler le visage si doux de ma femme et le sourire si frais de ma fille, qui, me disait-on, devenait chaque jour plus belle.

Beauté et Amour

David Halévy rougit légèrement, mais fut soulagé que personne ne le remarque.

– De ce jour, je fus comme obsédé par la beauté dont mes yeux étaient privés. Des amis me firent découvrir les écrits des soufis et en particulier ceux des poètes persans. Par eux, il me fut dévoilé que Dieu n'était pas avant tout un Maître exigeant qui demandait une aveugle soumission, mais qu'il était la Beauté éternelle qui se reflète dans les beautés passagères de l'univers.

Avec une immense émotion, le cheikh se mit alors à réciter un poème de Djami :

– "La beauté ne peut supporter de rester ignorée derrière le rideau ; un beau visage a horreur du voile et, si tu lui fermes la porte, voudra paraître à la fenêtre. Vois comme la tulipe, au sommet de la montagne, perce de sa tige le rocher au premier sourire du printemps et nous révèle sa beauté. Et toi-même, quand apparaît dans ton âme une idée rare, tu en es obsédé et dois l'exprimer par la parole ou l'écriture. Telle est l'impulsion naturelle de la beauté partout où elle existe. La Beauté éternelle dut s'y soumettre et émergea des saintes régions de mystère pour briller sur les horizons et les âmes. Un éclair émané d'elle jaillit sur la terre et les cieux. Elle se révéla dans le miroir des êtres... Tous les atomes constituant l'univers devinrent autant de miroirs reflétant chacun un aspect de l'éternelle splendeur. Une parcelle de son éclat tomba sur la rose, qui rendit fou d'amour le rossignol. C'est à elle que fut redevable de ses charmes Leïla dont chaque cheveu attacha le cœur de Mejnoun...

« "Telle est la beauté qui transparaît à travers le voile des beautés terrestres et ravit tous les cœurs épris. C'est l'amour pour elle qui vivifie les cœurs et fortifie les âmes. C'est d'elle seule qu'au fond est épris tout cœur amoureux, qu'il s'en rende compte ou non."

Après un moment de pause, il poursuivit :

– "Le cœur exempt du mal d'amour n'est pas un cœur ; le corps privé de la peine d'amour n'est qu'eau et limon... C'est l'inquiétude amoureuse qui donne à l'univers son mouvement éternel ; c'est le vertige d'amour qui fait tournoyer les sphères.

« "Si tu veux être libre, sois captif de l'amour. Si tu veux la joie, ouvre ta poitrine à la souffrance d'amour. Le vin d'amour donne chaleur et ivresse ; sans lui c'est égoïsme glacé... Tu peux poursuivre bien des idéaux, mais seul l'amour te délivrera de toi-même... C'est la seule voie qui conduise à la vérité..."

Tous les auditeurs furent bouleversés.

– Écoutez encore cette histoire rapportée par Djami : “J’ai ouï dire qu’un disciple alla trouver un cheikh pour lui demander de le guider dans la voie spirituelle, et le vieillard de lui dire : ‘Si ton pied n’a jamais foulé le sentier de l’amour, va-t’en et connais l’amour, puis tu reviendras me trouver. Hume d’abord la coupe du vin des apparences, si tu veux savourer ensuite la gorgée de la liqueur mystique ; mais ne va pas t’attarder dans le séjour des apparences ; franchis vite ce pont si tu veux arriver au but suprême.’”

Le rabbin était subjugué, comme si Dieu lui avait parlé face à face.

– “Seul l’amour te délivrera de toi-même.” Peu à peu, je sentis fondre en moi la rigidité orgueilleuse avec laquelle j’interprétais le Coran et regardais ceux qui ne pensaient pas comme moi. Ce fut un deuxième événement qui accéléra encore ce processus.

« Une nuit, je fis un rêve étrange que je n’ai raconté jusqu’ici qu’à mon épouse. J’étais sur un chameau et je venais de quitter une oasis verdoyante. Dans le désert, je fus malmené par une tempête d’une violence inouïe. Quand revint le calme, j’étais perdu. Errant dans des collines de sable et de roches, j’étais épuisé. Je n’avais plus rien à boire et ma bouche était en flammes. Me jetant à terre, je suppliais Allah de sauver ma vie. A ce moment apparut dans un corps humain un ange de lumière. J’étais effrayé, mais il me dit : “Ne crains pas, je suis Gabriel, messager de Dieu. Il m’a envoyé pour te sauver.” Dans sa main, il tenait un livre ouvert duquel jaillissait une source d’eau fraîche. Me précipitant vers lui, je découvris que ce livre était… la Bible, la Torah de Moïse et l'Injil – l'Évangile – de Jésus. Ma réaction fut immédiate : "Non, jamais ! Ces sources sont trompeuses, mieux vaut mourir."

« Comme vous le savez, les musulmans respectent en particulier les "gens du Livre", juifs et chrétiens, à qui, considèrent-ils, une Révélation particulière fut chaque fois donnée. Mais ils pensent aussi qu'il y a eu des altérations dans ces Messages antérieurs que le Coran est venu rectifier. C'est la raison pour laquelle les musulmans ne lisent que très rarement la Bible, sans parler des textes sacrés des autres traditions religieuses. Et lorsqu'ils les lisent, c'est en général pour prouver la supériorité de leur propre Révélation.

« Une parole de l'ange m'a marqué : "Ne considère pas comme altéré ce qui peut te désaltérer. Bois ce qu'Allah te donne." Surmontant mes réticences, j'approchai mes lèvres de la source et la vie me ranima. Puis je me suis réveillé avec un sentiment de fraîcheur dans tout mon être. Je me suis alors procuré une Bible et ai demandé à ma femme ou à Amina de m'en lire de larges extraits. Peu à peu, j'ai compris que ce qui est altéré, comme le dit le Coran (2,75 et 3,78), ce n'est pas tant le texte de ces Écritures que leur sens correct, en raison des mauvaises interprétations qu'en ont donné certains théologiens juifs et chrétiens. Je dois vous dire aussi que depuis quelque temps je m'intéresse à la *Bhagavad-Gîtâ* hindoue ainsi qu'à des extraits du *Tripitaka*, les textes sacrés bouddhistes.

Avec une pointe de regret dans la voix, le cheikh poursuivit :

– Ces transformations intérieures ne furent pas sans conséquence sur mon enseignement. Avant que le décalage entre ce qui était attendu de moi et ce que je pouvais dire ne devienne trop grand, je décidai de quitter l'université. Le parcours d'al-Ghazâli – qui lui aussi a quitté l'enseignement traditionnel pour progresser dans une voie plus intériorisée – me conforta dans mon choix. Actuellement, c'est la théologie mystique d'Ibn Arabî qui m'ouvre des portes nouvelles. Mais pour le moment, je n'ose y entrer. Qu'Allah me conduise sur le bon chemin.

Personne ne put rester indifférent au témoignage du cheikh. Même Alain Tannier fut touché par le parcours de vie du musulman, surtout par son absence de rigidité. Contrairement à tant de clichés de dignitaires religieux enfermés une fois pour toutes dans leurs dogmes, le cheikh Ali ben Ahmed était en mouvement. Il vivait une réelle aventure intérieure qui n'était pas sans risques mais, à cause de cela même, était si fascinante.

« Comment vous présenter l'islam en peu de mots ? Je pense que vous avez perçu que le mot "islam" pouvait être compris de différentes manières. Il faut distinguer l'islam religion *révélée* et l'islam – ou islamité – fait de civilisation, religion *réalisée*. L'écart entre les deux peut être énorme. Ce que vous voulez connaître, c'est certainement ce qui constitue le cœur de notre religion, le contenu de cette Révélation. Qu'Allah me vienne en aide.

L'Envoyé d'Allah

« Pour nous musulmans, Mohammed – paix et salut soient sur lui – n'est pas le fondateur de l'islam, mais l'envoyé et le porte-parole d'Allah. Le Fondateur, c'est

Dieu lui-même. Notre Prophète a habité en Arabie, à La Mecque, de 570 à 622 de l'ère chrétienne. Puis il émigra à Médine, où il vécut jusqu'à sa mort en 632. Cette émigration, ou *hégire*, marque le début du calendrier musulman, qui est lunaire. D'ailleurs, dans le Coran, la lune est souvent mentionnée (41,37 ; 10,15 ; 22,18...), et Rûmi a pu dire que le Prophète reflète Dieu comme la lune reflète la lumière du soleil. Le symbole du croissant de lune est important dans la mystique musulmane. Il est image du paradis et symbole de la résurrection.

En entendant cela, le Roi devint blême. « Comme la lune, ton peuple doit mourir », se remémora-t-il. Le cheikh lui-même fut surpris par sa digression. Ce n'est que plus tard qu'il en comprit la raison.

– Le Coran, poursuivit-il, veut dire *récitation*. Pour nous musulmans, il est la Parole de Dieu descendue sur Mohammed par l'intermédiaire de l'archange Gabriel. Son autorité surpasse celle de tous les autres textes. Constitué de 114 sourates, ou chapitres, et de 323 671 lettres, il est rédigé en arabe de manière inimitable. La sourate 112, vingt-deuxième dans l'ordre chronologique, est d'inspiration mekkoise. Comme l'a dit le cheikh Boubakeur : "Cette sourate appelée aussi Unicité est la base même de la théologie musulmane *(tawhîd)*, le résumé de sa doctrine, l'expression de sa foi en un Dieu absolu, unique, omniscient, omnipotent, sage, libre. A elle seule, elle résume tout le Coran." Écoutez cette Parole.

La récitation en arabe, ponctuée de silences d'une grande intensité, était impressionnante à entendre.

– En voici une traduction :

“De par le nom de Dieu Tout-Miséricordieux,
Tout-Compatissant.
Dis : Il [est] Dieu unique,
Dieu l’Imploré,
Il n’a ni enfanté, ni été enfanté.
Nul ne saurait l’égaler.”

« Boubakeur commente cette affirmation centrale par ces mots : “Cette unicité de Dieu exclut la Trinité chrétienne, le polythéisme, l’idolâtrie, le panthéisme, la métempsycose, toute pratique et toute doctrine contraires au monothéisme le plus intransigeant, le plus pur, le plus sincère qu’est l’islam. Être musulman, c’est être profondément convaincu de l’unicité de Dieu et l’affirmer en toute circonstance.”

Le docteur Clément, en entendant le commentaire qui contestait de front une de ses convictions les plus intimes, à savoir le mystère de la Trinité, ne réagit pas. En revanche, il savait déjà quelle question il allait devoir poser au cheikh.

– Pour nous musulmans, l’islam n’est pas une nouvelle religion, mais la restauration dans toute sa pureté de celle d’Abraham, de Moïse et de Jésus. Écoutez cette autre parole du Coran : “‘Soyez juifs ou chrétiens et vous serez dans la bonne voie’, ont prétendu [ceux qui se réclament de l’Écriture]. Dis-[leur] : Il n’en est rien ! [Suivons plutôt] la religion d’Abraham, ce croyant sincère qui ne donna jamais d’associé à Dieu. Dites : Nous croyons en Dieu, à ce qui a été révélé à Abraham, Ismaël, Isaac, Jacob, aux [douze] tribus, à ce qui a été confié à Moïse, à Jésus, aux prophètes par leur Seigneur. Nous ne faisons aucune distinction entre eux et à Dieu nous sommes soumis" (2,135s). La soumission *(islâm)* à Allah, non pas servilement, mais en lui restituant amoureusement sa vie, telle est l'identité même du musulman.

Les piliers

« Cinq piliers fondent sa pratique. Le premier, c'est la *shahâda*, l'attestation de foi : "Il n'y a pas de divinité hormis Dieu et Mohammed est son envoyé." Par cette profession, le musulman affirme son adhésion au dernier message révélé par le Dieu Un au prophète Mohammed. Il y exprime sa conviction que l'histoire a un sens et que Dieu, après avoir donné des messages à Moïse et à Jésus, s'est révélé à Mohammed, son ultime envoyé. Le deuxième, c'est la prière *(salât)*, qui donne sens à chaque journée en la rythmant par l'évocation du Dieu unique. Le troisième, c'est la *zakât*, que certains traduisent par l'"impôt social purificateur". Donner de son argent pour les nécessiteux est un acte religieux qui inscrit le donateur dans une relation de reconnaissance envers Dieu – notre argent ne nous appartient pas – et de solidarité – ce que nous avons est à partager. Le quatrième est le jeûne du *ramadan*, qui est une rupture d'un mois par rapport à la vie normale. Du lever du soleil jusqu'à son coucher, les musulmans s'abstiennent de toute substance étrangère qui pourrait entrer dans leur corps et de toute relation sexuelle. C'est le mois durant lequel ils peuvent physiquement exprimer leur volonté de servir Allah seul et sentir aussi en leur chair ce que malheureusement beaucoup d'affamés subissent chaque jour. Le cinquième et dernier pilier est le *hajj*, le pèlerinage une fois dans sa vie à la Ka'aba – le sanctuaire sacré – à La Mecque.

« Le sens de ces cinq piliers est clair. Il s'agit d'inscrire dans la vie personnelle, communautaire et mondiale, une orientation libératrice. Professer l'unicité d'Allah et la soumission à lui seul, c'est reconnaître que personne ne doit devenir l'esclave d'un homme ou d'un bien de ce monde. C'est donc affirmer sa liberté face à tout ce que contient l'univers et l'égalité de tous devant Dieu.

– Et surtout celle des femmes ! cria une voix féminine dans le public.

Le visage du cheikh, blessé par cette remarque, se renferma pendant quelques secondes. Puis il continua sa présentation, sans plus se laisser perturber :

– Professer que Mohammed est son envoyé, c'est reconnaître que l'histoire est orientée dans le temps et accomplir le pèlerinage à La Mecque et se tourner vers cette ville pour la prière, c'est reconnaître qu'il y a une orientation dans l'espace…

Plusieurs délégués, enhardis peut-être par la remarque critique qu'ils avaient entendue peu auparavant, exprimèrent aussi leur réprobation. Jérusalem, Bénarès, Bodh-Gayâ et tant d'autres hauts lieux spirituels ne constituaient-ils pas aussi des orientations sacrées dans l'espace ? Le cheikh mit rapidement fin à leur indignation en citant un soufi :

– "Celui qui demeure dans la Ka'aba n'a pas à s'y rendre." Pour les mystiques, l'orientation géographique est avant tout un support pédagogique pour la vie spirituelle. Il est évident que bien des docteurs de la Loi ont été en désaccord avec cette interprétation. J'aimerais terminer néanmoins ce que je voulais dire.

« Vivre la prière quotidienne, c'est exprimer que le temps trouve son sens en Dieu, comme vivre l'offrande c'est exprimer que l'argent trouve son sens dans la générosité. Le corps, les biens, le jour, l'année, l'histoire ont comme unique direction Allah, de qui tout vient et à qui tout revient.

Le cheikh termina sa présentation en récitant la célèbre *Fâtiha*, le chapitre qui ouvre le Coran :

– "De par le nom de Dieu Tout-Miséricordieux, Tout-Compatissant.
Louange à Dieu, maître des mondes.
Tout-Miséricordieux et Tout-Compatissant,
maître du jour de la rétribution.
C'est toi que nous adorons ! C'est de toi que nous implorons le secours !
Dirige-nous dans la bonne voie,
la voie de ceux que tu as favorisé de tes bienfaits,
non de ceux qui ont démérité de ta grâce et des égarés."

Confrontations

Alain Tannier, une fois de plus, ouvrit les feux :

– Puisque j'ai pris l'habitude d'intervenir en premier, je continuerai. Comme tout le monde ici, j'ai été ému en entendant la prestation du délégué musulman. Mes critiques s'adressent moins à lui qu'à ce que nous voyons dans le monde islamique contemporain. Comment se fait-il que les femmes – nous ne pouvons ignorer le sort de la meilleure moitié de l'humanité – soient tellement exploitées dans vos contrées ? Pourquoi les hommes les dominent-ils pareillement ? Qu'en est-il aussi de la polygamie ? Et pourquoi contraignez-vous les musulmanes à porter le voile ?

« Voici une autre série de questions brûlantes pour nous, Occidentaux : une société réellement laïque est-elle compatible avec l'islam ? Tous les musulmans nous disent que l'islam n'est pas une "religion" dans le sens d'une affaire privée entre un croyant et Dieu, mais un mode de vie qui englobe toutes les dimensions de l'existence. Quelle place laissez-vous dans une telle perspective à ceux qui, comme moi, sont sans religion et à ceux qui professent une autre religion ? Comment se fait-il aussi que vous construisiez partout chez nous des mosquées, alors qu'en Égypte les coptes ont tant de peine à simplement restaurer leurs lieux de culte ? Et que dire de l'absence de lieux de célébration pour les baha'is, les hindous et les chrétiens en Arabie Saoudite ou dans d'autres régions du monde islamique ? Comment justifiez-vous l'absence de réciprocité dans les domaines du mariage et de la conversion ? En effet, un musulman a le droit d'épouser une chrétienne, mais une musulmane n'a pas le droit d'épouser un chrétien ; de même, un musulman ne peut se convertir à une autre religion ou à un autre système de pensée – en effet, sa vie serait menacée de mort –, mais les conversions à l'islam sont plus qu'encouragées. Et pourquoi les pays qui se réclament de l'islam sont-ils traversés par tant de violence et pourquoi, de ces lieux, si peu de savants ou de philosophes éminents, pour ne pas dire aucun, sont-ils reconnus par la communauté internationale ?

Il y avait quelque chose d'accablant dans toutes ces questions. Et cela d'autant plus que le public avait bien senti que le professeur Tannier s'était de lui-même prématurément interrompu alors que bien d'autres sujets le travaillaient encore. Comment le cheikh allait-il pouvoir défendre sa religion après avoir été assommé par tant de critiques ? Avec impatience, l'assistance attendit pour voir si et comment il s'en sortirait.

Aiguille ou ciseaux ?

Plongeant sa main dans une poche, Ali ben Ahmed en fit apparaître un objet minuscule. Puis il raconta cette histoire :

– Il arriva qu'un roi voulut offrir à un mystique musulman un superbe cadeau. C'était une paire de ciseaux en or incrustés de diamants et d'autres pierres précieuses. Le soufi remercia poliment le roi, mais lui dit : “Votre geste me touche beaucoup. Malheureusement, je ne puis accepter votre présent. Les ciseaux, en effet, cela sert à découper, à séparer, à diviser. Or toute ma vie et tout mon enseignement sont basés sur le rapprochement et la réconciliation, le rassemblement et la réunification. Offrez-moi plutôt, et pour ma plus grande joie, une aiguille, une simple aiguille…”

Le Sage regarda immédiatement le Roi, qui écarquillait ses yeux avec stupéfaction. « Cherchez l'aiguille et vous vivrez. »

– Il y a deux forces dans le monde, poursuivait déjà le cheikh, une force de division et une force de réconciliation. La religion authentique est celle où l'aiguille agit pour recoudre. Hélas, beaucoup de musulmans lisent le Coran – la Révélation récitée –, la *Sunna* – l'ensemble des traditions rapportant les autres paroles et actes de Mohammed – et la *Shari'a* – la Loi et la Voie islamiques – non avec une aiguille, mais avec des ciseaux. Ils s'en tiennent littéralement aux textes pour se justifier contre les autres. Comme l'a déjà écrit un des premiers chrétiens, l'apôtre Paul, la lettre seule tue, c'est l'esprit qui vivifie.

« Pour tous les sujets que vous venez d'aborder, il faut comprendre les paroles révélées en les resituant dans leur contexte. A l'époque de notre prophète Mohammed – que la paix et le salut de Dieu soient sur lui –, la condition de la femme a été considérablement améliorée. Il est vrai, bien des progrès restaient à faire. Mais un changement complet ne pouvait s'opérer du jour au lendemain ; les capacités de transformation de l'humain sont tributaires du temps. Ce qui est triste, c'est que trop de musulmans peu éduqués, ou par souci de fidélité absolue à la lettre, veulent reproduire *tels quels* les enseignements coraniques. Ce qu'ils ne voient pas, c'est que ces enseignements révélés par Allah l'ont été pour le temps de Mohammed… et bien sûr pour notre temps, à condition que nous nous laissions inspirer non par les comportements sociaux définis par ces textes, mais par le mouvement de progression que ces textes ont insufflé à l'époque. La perfection du Coran ne veut pas dire que nous devons reproduire sans réfléchir le contenu de toutes les paroles coraniques, mais bien nous laisser mettre en mouvement par le dynamisme qui l'a habité… et peut nous habiter encore. Il en va de même pour tous les problèmes que vous avez évoqués, et aussi ceux que vous n'avez pas mentionnés : la pleine égalité entre l'homme et la femme – sans minimiser les différences entre eux –, le respect des minorités et des autres traditions religieuses, une réelle liberté de croyances – sans heurter toutefois celle des musulmans –, un mode de relations qui bannisse la violence physique pour arriver à ses fins... Moi aussi je soupire après cette période où des mathématiciens, des physiciens ou des médecins comme al-Khawârizmî – inventeur de l'algèbre –, al-Haytham ou al-Râzî excellaient. Un travail énorme de relecture intelligente du Coran, de la *Sunna* et de la *Shari'a* reste à faire. Mais, à cause de la pression d'une minorité de groupes extrémistes, il est devenu très dangereux pour quiconque s'attelle à cette tâche.

Le Fils de Dieu et Dieu le Fils

Le docteur Clément intervint alors dans la discussion :

– Je remercie vivement le cheikh pour sa réponse. En tant que chrétiens, nous avons été confrontés aux mêmes questions. Nos textes sacrés contiennent aussi des passages qui, pris à la lettre, sont anachroniques, voire dangereux. Je suis heureux de découvrir qu'une relecture intelligente et humaniste est aussi en cours dans le monde islamique, même si elle est ardue pour ceux qui la pratiquent. Mais la relecture que vous avez évoquée semble concerner principalement des questions sociales tels le rôle de la femme, le respect des minorités, etc. Or une telle relecture ne devrait-elle pas aussi être appliquée à des sujets plus théologiques ? Je m'explique. Entre chrétiens et musulmans, il y a eu quatorze siècles de contentieux. Vous affirmez que Jésus est un Prophète, qu'il est né de la Vierge Marie, qu'il a opéré des miracles que même Mohammed n'a pas accomplis, qu'il est le Messie et même, selon un propos de Mohammed, qu'il reviendra à la fin de l'histoire. D'une certaine manière vous êtes très proches de nous. En même temps, vous niez la Trinité, que Jésus soit Fils de Dieu, qu'il ait été crucifié et ressuscité et que, par sa mort à notre place, il nous garantisse le pardon de nos fautes. Un gouffre, apparemment, nous sépare. Lues à la lettre, nos deux Révélations s'excluent mutuellement, et cela veut dire que leurs fidèles ne peuvent eux-mêmes que s'exclure intensément. Dans le Nouveau Testament, il est écrit : "Voilà l'Antéchrist, celui qui nie le Père et le Fils. Quiconque nie le Fils n'a pas non plus le Père ; qui confesse le Fils a le Père, aussi" (1 Jean 2,22-23). Et plus loin : "Voici comment s'est manifesté l'amour de Dieu au milieu de nous : Dieu a envoyé son Fils unique dans le monde, afin que nous vivions par lui… Dieu nous a donné la vie éternelle, et cette vie est en son Fils. Qui a le Fils a la vie ; qui n'a pas le Fils de Dieu n'a pas la vie" (1 Jean 4,9 ; 5,11-12). Pour un chrétien, Jésus est le Fils de Dieu. Tous ses textes sacrés l'affirment. Pour un musulman, Jésus n'est pas le Fils de Dieu, car Dieu n'est pas un "Père". Allah n'a ni enfanté ni été enfanté (Coran 112,3). Face à une telle contradiction, il n'y a que deux possibilités. Soit nier la position de l'autre – en disant que c'est Satan qui l'inspire ou que ses Écritures ont été altérées –, soit relire respectueusement les textes pour surmonter les malentendus réels. Ni vous ni nous ne sommes prêts à considérer que nos Écritures révélées sont “fausses”. Pour vivre ensemble, nous sommes condamnés à les réinterpréter, voire à être surpris par l’enrichissement qu’une telle lecture peut apporter.

Le cheikh avait écouté avec beaucoup d’attention le chrétien. Mais il eut des réticences à aller aussi loin.

– Dans le Coran, il est écrit : “Lorsque Dieu demanda à Jésus, fils de Marie : Est-ce toi qui as dit aux hommes de vous prendre, toi et ta mère, pour deux divinités au-dessus de Dieu ? – Gloire à toi ! dit Jésus, il ne m’appartient pas de dire ce qui pour moi n’est pas une vérité. Si j’avais dit cela, tu l’aurais su ! Tu sais ce qui est en moi, alors que j’ignore ce qui est en toi. C’est toi, en vérité, qui connais au suprême degré l’inconnu. Je ne leur ai dit que ce que tu m’as ordonné de leur apprendre, à savoir : Adorez Dieu, mon Seigneur et le vôtre” (Coran 5,116-117). Il nous faut donc bien reconnaître que votre Trinité est incompatible avec le monothéisme d’Abraham, de Moïse, de Mohammed et même de Jésus.

– Permettez-moi de me référer à votre lecture contextuelle de tout à l’heure. En tant que chrétien, je puis reconnaître que Mohammed a été envoyé par Dieu pour corriger le polythéisme de son temps, voire les hérésies professées par les chrétiens d’alors. A l’époque de Mohammed, beaucoup de chrétiens étaient “trithéistes” ; ils croyaient que Dieu était une famille de trois êtres divins : Dieu le Père, qui, avec Marie la Mère, aurait sexuellement engendré Jésus le Fils. Une telle “trinité” est inacceptable et doit être contestée avec force. Et à juste titre le Coran la condamne. Mais cette “trinité”-là n'est pas celle des chrétiens ! Pour nous aussi, Dieu est Un et Unique. Il est d'ailleurs Unique en tout : dans sa capacité à créer hors de rien, dans sa justice sans parti pris, dans son amour incomparable. Il est même Unique dans sa façon d'être Un ! Dieu est toujours plus grand que nos idoles. Et l'"Unité" conçue par notre esprit peut aussi en devenir une ! La Trinité telle que nous la comprenons, c'est comme les trois dimensions inséparables de l'Espace qui est Un : la hauteur, la longueur et la largeur ne forment pas trois Espaces différents.

– Mais pourtant vous affirmez que 1 + 1 + 1 = 1 !

– S'il fallait nous référer aux nombres pour parler de la Trinité, nous ne dirions certainement pas cela ! Encore moins : 1/3 + 1/3 + 1/3 = 1 ! Mais plutôt : 1 x 1 = 1 ! Dieu le "Père", le premier "1", est la Source première et invisible de tout ; en tant que tel il échappe à notre connaissance. Dieu le "Fils", le deuxième "1", c'est son Image, son Reflet, son Extériorisation, son "Portrait". Dieu l'"Esprit", le troisième "1", c'est le Souffle d'amour qui les unit et qui cherche à entraîner l'humanité dans cette communion. Confesser Dieu comme Père, c'est reconnaître que Dieu est au-delà de nous, que jamais nous ne pourrons mettre la main sur lui. Confesser Dieu comme Fils, c'est reconnaître que Dieu s'approche de nous, qu'il se rend visible et audible. Confesser Dieu comme Esprit, c'est reconnaître que Dieu vient au-dedans de nous, qu'il nous transforme de l'intérieur afin que nous puissions connaître l'Inconnaissable. Dieu est donc à la fois transcendance, présence et immanence ; il est à la fois infini, proche et intérieur. Le Dieu de la Bible est ainsi une Communion sans confusion ni exclusion.

Le cheikh était perplexe.

– Pour nous, chrétiens, dire que Dieu est Trinité – mieux : “Tri-unité” –, c’est dire qu’il n’est pas homogène et statique, puisqu’en lui il y a extériorisation et synthèse. Mais tout cela est trop philosophique. L’autre jour, je vous ai vu tenir la main de votre fille avec beaucoup de douceur, vos deux visages se souriant l’un à l’autre avec une immense tendresse. Vous étiez là pour moi comme un reflet de la Trinité ! Votre fille, sans être vous, vient de vous. Elle vous ressemble, comme le Fils ressemble au Père. La tendresse gratuite échangée entre vous était l’image même de l’Esprit-Saint, que certains théologiens orthodoxes ont appelé le Baiser entre le Père et le Fils. Tout notre langage pour parler de Dieu est inapproprié, même les mots “Unité”, “Être”, “Réalité suprême”, “Miséricorde”. L’image la moins inadéquate pour évoquer Dieu, disent les chrétiens, c’est cet amour nourrissant qui vibre entre un père – ou une mère – et son enfant.

Le Sage, à juste titre, rappela au docteur Clément que ce n’était pas lui qui était interrogé, mais bien le cheikh, et que par la suite il aurait l’occasion de développer ses thèses. Ali ben Ahmed, troublé par ce qu’il venait d’entendre, relança lui-même le chrétien :

– Mais alors, la crucifixion du Christ ? Le Nouveau Testament et le Coran ne sont-ils pas inconciliables à son propos ? Voici ce qui est affirmé dans notre Révélation : “Nous les avons maudits aussi pour leur mécréance et pour l’horrible infamie qu’ils ont portée contre Marie. Nous les avons également maudits pour avoir déclaré : ‘Nous avons tué l’oint Jésus, fils de Marie, messager de Dieu !’ Ils ne l’ont point tué, ni crucifié ; ce n’était qu’un faux semblant. [...] Tout au contraire, Dieu l'a élevé vers lui, car Dieu est puissant et sage" (Coran 4,156-157).

– Puisque le cheikh me pose une question, j'y répondrai. Il y a une interprétation "ciseaux" et une interprétation "aiguille", pour reprendre la belle image que vous nous avez donnée. Selon une lecture séparatrice, un chrétien dira que Mohammed a été influencé par les chrétiens dits "docètes", qui considéraient que Jésus n'avait qu'une apparence de corps et qu'il ne pouvait donc mourir ; Basilide, au IIe siècle, a même enseigné que Simon de Cyrène avait été crucifié à la place de Jésus. Mohammed, en suivant cet enseignement pseudo-chrétien, se serait laissé influencer par une fausse doctrine, voire par le diable. Selon une autre lecture, que soutiennent aussi certains exégètes chiites, ce texte ne nie pas la mort de Jésus. Il ne s'adresse pas aux chrétiens mais à certains juifs du temps de Jésus, qui avaient pensé pouvoir mettre fin à l'action de Dieu par Jésus en le crucifiant. Dieu affirmerait ainsi, contre ces juifs d'alors, que Jésus n'a pas été tué, ni crucifié, puisqu'il a traversé la mort et la crucifixion, ayant été élevé par Dieu, c'est-à-dire ressuscité !

Le cheikh fut surpris par cette interprétation, mais ne voulut pas la récuser sans réflexion. Intérieurement, il se réjouit d'entendre un chrétien qui connaissait si bien le Coran. Cela le conforta dans sa propre décision de mieux découvrir la Bible. En effet, si ces textes venaient authentiquement de Dieu et que seules les interprétations de certaines Églises les ont faussés, alors, comme l'archange Gabriel le lui avait dit, il ne devait pas considérer comme altéré ce qui pouvait le désaltérer.

Dieu en tout ?

Le swami demanda la parole :

– Vous venez d'avoir une longue discussion avec le docteur Clément au sujet de la Trinité. Or le commentaire du cheikh Boubakeur que vous nous avez cité critique aussi, au nom de l'Unité de Dieu, le polythéisme et le panthéisme, deux doctrines que les musulmans semblent attribuer aux hindous. Et pourtant, dans votre émouvante citation de Djami, il est bien dit que l'éternelle Beauté se révéla dans le miroir des êtres, et même que ce monde-ci est le “séjour des apparences”. Peut-être, finalement, nos mystiques et les vôtres ne sont-ils pas si éloignés les uns des autres ? Râmânuja a utilisé cette belle image de la Réalité suprême qui se fait à la fois Oiseau et nid, Créateur et création. Qu'en pensez-vous ?

– Il est difficile de parler de la mystique, reconnut Ali ben Ahmed, tant elle est diversifiée. Je connais hélas des soufis, des mystiques musulmans, très autoritaires et dont l'enseignement égare. Et pourtant, avec l'action éthique, la mystique est peut-être la seule voie qui nous rapproche. Lorsque deux amoureux relatent avec poésie l'expérience de “fusion” de leurs êtres, leur langage est faux pour qui l'analyse d'une manière extérieure et “objective” : deux corps ne peuvent “fusionner”. Et pourtant, dans la conscience de l'un et de l'autre, au moment de l'expérience intime, il n'y a plus de moi et de toi, d'homme ou de femme, mais un bien-être au-delà de l'espace et du temps.

« Le discours des mystiques a toujours heurté celui des

juristes. Le musulman Mansûr al-Hallâj, pour avoir affirmé : “Je suis la Vérité”, a été crucifié ; selon les docteurs de la Loi islamique, c’était un péché de *shirk*, d’idolâtrie, d’association de quelque chose d’humain au divin. Or Roûmi a raconté cette belle anecdote : “Un homme frappe à la porte de l’Ami. ‘Qui est là ? – C’est moi. – Il n’y a pas de place ici pour deux’, répond la voix. L’homme repart et passe un an dans la solitude. Quand il revient : ‘Qui est là ? dit la voix. – C’est Toi, ô Bien-Aimé. – Puisque c’est Moi, que J’entre ! Il n’y a pas de place pour deux *moi* dans une maison.’” Amoureusement, la différence entre le JE humain et le TU divin peut être surmontée, même si, en réalité, la différence subsiste. Ibn Arabî, plus que tout autre musulman peut-être, a jeté un pont vers ce que vous venez de dire de Râmânuja. Selon lui, mais je peine à le suivre, il n’y avait au commencement qu’une Réalité confuse. Par amour et désirant se connaître, celle-ci se serait différenciée en un Créateur et la création. Aujourd’hui, par l’être humain, l’unité originelle peut être reconstituée.

« La mystique musulmane, sans chercher à être aussi audacieuse, peut accepter, comme les mystiques juives et chrétiennes j’imagine, non pas que Dieu soit tout, mais que tout soit en Dieu.

Une religion de violence ?

– Changeant de sujet, j’ai deux questions à vous poser, dit alors le moine Rahula. Comme les *jaïns* – les disciples de Mahâvîra, le contemporain indien du Bouddha –, nous les bouddhistes accordons une grande importance à l'*ahimsâ*, la non-violence. Le respect absolu de tout être vivant est l'un de nos principes fondamentaux. Comment se fait-il que l'islam engendre tant de violence ?

– Vous faites référence au *jihâd*, j'imagine…

Le cheikh sentit une fois de plus tout le poids des confusions provoquées par l'extrémisme de certains de ses coreligionnaires.

– Selon son étymologie, le mot *jihâd* signifie "effort pour atteindre un but". Tous les musulmans sont appelés à faire un "effort dans le chemin de Dieu". Dans l'histoire, il est vrai, un de ces "efforts" a pu être l'effort militaire, soit lorsqu'il fallait défendre un domaine musulman contre des agresseurs, soit pour ouvrir à l'islam un pays qui avait refusé l'invitation pacifique à l'embrasser. Le Coran, pris littéralement, peut justifier beaucoup de violences. Comme d'ailleurs la Torah des juifs. Pensez aux guerres de Moïse, de Josué, de David et de tant d'autres rois d'Israël… Les spirituels ont distingué le "grand *jihâd*", le combat spirituel si vous voulez, du "petit *jihâd*", qui est le combat militaire. Dans bien des pays islamisés, le grand *jihâd* consiste aujourd'hui à lutter contre le sous-développement et à promouvoir les conditions d'une vie humaine digne de ce nom. Mais tant que dans nos pays le taux d'analphabétisme restera aussi élevé qu'il l'est aujourd'hui, il y aura des mollahs pour fanatiser les foules au nom du *jihâd*.

Le Sage faillit intervenir pour rappeler que le nazisme, l'une des pires barbaries commises dans l'histoire de l'humanité, prit naissance non dans un pays d'analphabètes mais bien parmi l'un des peuples les plus cultivés de la planète. L'éducation à elle seule ne suffit pas à protéger des dérapages les plus diaboliques. Mais déjà le bouddhiste avait repris la parole :

– Ma deuxième question ne concerne qu'un point de détail. Comme vous le savez, ce soir il y aura la pleine lune. Or, dans les pays de tradition Theravâda, nous célébrons toujours Vesak, notre fête religieuse la plus importante, au mois de mai, quand la lune est pleine…

Le Roi et le Sage, une fois de plus, devinrent pâles. Leurs rêves avaient eu lieu, exactement une année auparavant, lors de la pleine lune.

– Par cette fête, nous commémorons à la fois la naissance, l'Éveil et le passage du Bouddha historique au *parinirvâna*, à l'extinction totale. Pourquoi vous aussi, en tant que musulman, associez-vous la lune au "paradis" ?

– En islam, le croissant de lune joue un rôle important. En arabe, le "N", le *noun*, ressemble à un croissant avec un point dessus. Or *noun* peut signifier "poisson", et selon une parabole coranique il est le symbole de la vie éternelle. Le croissant est aussi symbole de résurrection, car c'est une figure à la fois fermée et ouverte, comme l'est l'homme, enfermé dans la mort avant d'être ouvert par la résurrection.

Un problème épineux

David Halévy était le seul à ne pas s'être exprimé. Le regard interrogateur du Sage le stimula à prendre la parole.

– Entre juifs et musulmans, les relations sont actuellement très tendues. Le problème palestinien est *épineux*, même si des modérés de part et d'autre tentent un rapprochement qui nous réjouit. Avant de venir ici, il y avait à l'intérieur de moi une sorte d'inimitié profonde mêlée d'inquiétude chaque fois que je pensais à l'islam. Aujourd'hui, il s'est produit quelque chose en moi que je saisis encore mal. La présentation ouverte et humble du cheikh n'est pas pour rien dans ce changement intérieur. Dans nos conceptions de la foi, nous, juifs et musulmans, ne sommes pas très éloignés les uns des autres. Plusieurs textes de la Torah disent en des termes presque identiques les mots mêmes de la confession de foi islamique. Dans le livre d'Ésaïe, nous pouvons lire : "Ainsi dit Adonaï (le Seigneur) : Moi le premier, moi le dernier, sauf moi, pas d'Élohim (c'est-à-dire pas de Dieu)" (44,6). Ou encore :

> "N'est-ce pas moi Adonaï ? Nul autre Élohim
> sauf moi !
> El juste, Sauveur, rien sauf moi !
> Faites-moi face, soyez sauvés, vous tous,
> confins de la terre !
> Oui, moi, El, nul autre" (45,21-22).

« *Allah* et *El* dérivent d'une même racine sémitique qui probablement veut dire "fort", "antérieur à tout", "Celui vers qui on aspire et vers qui on se tourne". Et même si *Élohim* – comme d'ailleurs *Adonaï* – est un pluriel, il désigne le Dieu unique. Ce paradoxe a été commenté par beaucoup de nos sages. Un de nos commentateurs a fait remarquer que la racine d'*Élohim* – *aleph*, *lamed*, *hé*, en hébreu – est identique à celle du pronom démonstratif qui veut dire "ces" et dès lors joint une multiplicité d'objets en une unité. On peut en déduire qu'Élohim est l'Être qui unifie par son pouvoir et sa volonté la multiplicité de ce qui existe en une seule totalité. Élohim, c'est l'Un qui rassemble, l'Ensemble qui relie. En même temps, Élohim s'est fait connaître au peuple juif sous le vocable imprononçable *YHWH* – béni soit son saint nom –, auquel certains se risquent à mettre des voyelles et que nous, juifs, préférons par respect exprimer sous les termes de *Hashem*, le Nom, ou encore d'*Adonaï*, le Seigneur. Cela dit, le Dieu universel a donc un nom propre particulier et la vocation du peuple juif est d'être un peuple particulier qui témoigne de cette universalité. Nous, juifs, sommes très attentifs à respecter les différences, à éviter les confusions. Même si aujourd'hui, dans notre ère d'uniformes et d'uniformités, toute différence est souvent perçue comme une menace. A cause de ce souci de la particularité du peuple, chaque juif devient lui-même à l'intérieur du peuple un être très particulier. Cela est tellement développé chez nous que nous disons : "Quand deux juifs se réunissent, au moins trois opinions se confrontent !" Parfois, cela en devient même cocasse. On raconte ainsi l'histoire d'un Robinson juif perdu sur une île déserte et qui, durant son attente, y construisit plusieurs édifices. Un jour, un bateau apparaît au loin et vient accoster l'île. Quand le capitaine visite les réalisations du solitaire, il est émerveillé par son travail. "Ici, c'est ma maison et là c'est ma synagogue, ma maison de prière." Le capitaine est admiratif. "Et là-bas, qu'est-ce que c'est ? demande-t-il en désignant une autre construction imposante. – C'est une deuxième synagogue. – Mais vous êtes fou ! Pourquoi en avoir fait deux ? – L'autre est bien différente. C'est la synagogue où je ne vais pas !"

Le public fut ravi de pouvoir se détendre par le rire.

Une religion uniformisante ?

Le rabbin poursuivit alors :

– Voici ma question. J'ai lu quelque part que Mohammed aurait dit dans un de ses propos : "Il n'est aucun enfant nouveau-né qui n'appartienne (naturellement) à la religion musulmane. Ce sont ses parents qui en font un juif, un chrétien ou un adorateur du feu." Ce regard englobant ne risque-t-il pas de devenir récupérateur au point de ne plus respecter les différences spécifiques à chaque tradition ? D'ailleurs, vous n'avez pas parlé des différences entre musulmans sunnites et chiites, ou entre musulmans "orthodoxes" et ceux qui ne le seraient pas – comme les *Druzes*, qui croient qu'Allah s'est incarné dans le calife al-Hâkim, ou les *ahmadis*, qui affirment, dans leur branche principale, que Gulam Ahmad est un nouvel envoyé, à l'instar de Mohammed. Votre "unité" – un Dieu unique, un Coran définitif, transmis par un Prophète ultime pour une Communauté unique – prétend englober les autres religions. Or le Coran ne s'ajoute pas à la Bible, mais il prétend la récapituler avec pureté et authenticité. Cela tend, à mon avis, à effacer les particularités et à ne plus respecter les différences. Si vous aviez fait comme les chrétiens, qui n'ont pas supprimé ce qu'ils appellent l'Ancien Testament, mais l'ont prolongé *tel quel* par leur Nouveau Testament, si donc vous aviez prolongé la Bible *telle quelle* par le Coran, peut-être le dialogue entre nous aurait-il été facilité.

Avec beaucoup de politesse, le cheikh répondit à la question pertinente du juif :

– Je vous ai déjà dit que j'ai commencé à lire moi-même la Bible – depuis peu de temps, il est vrai. Je dois reconnaître aussi que rares sont les musulmans qui le font... dans un esprit non apologétique. Mais connaissez-vous beaucoup de juifs qui lisent le Coran ou les Évangiles ?

Le rabbin baissa les yeux.

– Vous avez raison. Il y a une diversité au sein de l'islam et hors de l'islam que nous, musulmans, devons accueillir positivement. Les chiites, donc les *partisans* d'Alî – le cousin et gendre de Mohammed –, diffèrent des sunnites surtout sur la question de la légitimité des successeurs du Prophète et sur la manière de les désigner. Leurs pratiques religieuses sont presque les mêmes. Quand les chiites appellent à la prière, ils ajoutent une mention à la dimension prophétique d'Alî. Ils ont aussi maintenu une coutume anté-islamique qui est le mariage temporaire et ont égalisé les parts d'héritage entre hommes et femmes. Surtout, ils ont clairement affirmé que les "portes de l'*ijtihâd*" – c'est-à-dire l'effort personnel pour interpréter la Loi – n'étaient pas fermées. Malheureusement, certains imams sunnites ont fait circuler à tort l'idée qu'il n'y avait plus la nécessité de faire cet effort, et cela depuis que les quatre grandes écoles juridiques ont codifié l'essentiel des pratiques. Ce fut une des raisons dramatiques du blocage intellectuel qui nous a tant paralysés. Quant aux baha'is, Druzes, ahmadis et bien d'autres groupes, ils ont généralement élargi les fondements de l'islam en les ouvrant à d'autres prophètes ou à d'autres doctrines. Notre absence de dialogue avec eux nous empêche peut-être d'être attentifs aux blocages qui nous habitent et aux exclusions que nous véhiculons. Nous, musulmans, traversons en ce moment une période d'extraordinaire faiblesse, malgré le dynamisme que certains nous prêtent... et redoutent tant. Les virulences mêmes de nos extrémistes sont la preuve de notre incapacité à dialoguer sereinement. Jusque dans nos joutes ici, nous subissons ces contre-témoignages qui déshonorent Allah...

La confession du rabbin et l'accolade de l'imam

Il se produisit alors un événement qui suscita une forte émotion parmi les participants. Le rabbin Halévy se leva de son siège et, les yeux remplis de larmes, demanda pardon au cheikh :

– Chaque fois que vous vous exprimez, vous le faites avec une profonde humilité. Malgré votre cécité, vous êtes plus clairvoyant que nous tous ici. Un de nos sages, Rabbi Siméon ben Yochaï, a dit : “On doit avouer ses qualités à voix basse et sa défaite à haute voix.” Et c'est ce que vous n'avez cessé de faire depuis que vous êtes avec nous. Vous n'avez pas cherché à camoufler les faiblesses des musulmans, alors que moi-même j'ai cherché à protéger quelqu'un de mon peuple... Je vous en demande sincèrement pardon. Depuis que votre fille a reçu une lettre de menaces, puis a été agressée, tous les soupçons se sont portés sur les islamistes extrémistes. Mais le problème était mal posé. L'histoire que raconte un de nos rabbins vaut mieux qu'une longue théorie.

“Deux hommes descendent par une cheminée. L’un est propre, l’autre est sale. Lequel des deux ira se laver ? demande-t-il à l’un de ses disciples. – Celui qui est sale, répond celui-ci. – Pas du tout ! dit alors le rabbin. Celui qui est propre. Voyant son compagnon sale devant lui, il se dit : Puisqu’il est sale, moi aussi je dois l’être, donc j’ai besoin d’aller me laver. Tandis que celui qui est sale, voyant son compagnon propre, se dit : Puisqu’il est propre, moi aussi je dois l’être. Donc, je n’ai pas besoin d’aller me laver.” Et le rabbin poursuit alors : “Deux hommes descendent par une cheminée. L’un est propre, l’autre est sale. Lequel des deux ira se laver ? – Celui qui est propre, répond avec enthousiasme le disciple. – Absolument pas ! C’est celui qui est sale. Voyant ses mains pleines de suie, il se dit : Je suis sale ! Il faut que j’aille me laver. Tandis que celui qui est propre, en voyant ses mains propres, se dit : Comme je ne suis pas sale, je n’ai pas besoin de me laver… J’ai encore une question à te poser, continua le rabbin. Deux hommes descendent par une cheminée. L’un est propre, l’autre est sale. Lequel des deux ira se laver ?” Le disciple croit enfin avoir compris. “Le sale et le propre ! s’exclame-t-il. – Tout faux ! s’écrie encore le rabbin. Tu n’as pas compris que, si deux hommes descendent par une cheminée, il est impossible que l’un seulement soit sale alors que l’autre resterait propre. En fait, tous les deux ne peuvent être que sales ! Quand un problème est mal posé, toutes les solutions sont fausses.”

Le Sage avait aimé cette histoire, mais il ne voyait pas où David Halévy voulait en venir. Avec beaucoup d’émotion, le concurrent juif poursuivit alors :

– L'islam n'a pas le monopole des extrémistes. Nous, les juifs, avons aussi les nôtres... Hier soir, en sortant de la chambre d'Amina, j'ai retrouvé ceci. Mais je n'ai pas osé le dire à la police.

Puis, sortant un objet de sa poche, il l'exposa au public.

– C'est une kippa, comme celle que je porte moi-même sur la tête. Ce couvre-chef appartient donc à un juif. Surpris par ma présence, le porteur de cet objet a dû le perdre pendant la bagarre qui a eu lieu dans la chambre d'Amina. Le responsable de cette violence commise n'est donc pas un musulman, mais quelqu'un de ma communauté. Ma première réaction fut de camoufler cet acte. Mais je n'ai pas le droit de protéger un criminel, fût-il juif. Mon silence a duré déjà trop longtemps. Et je vous en demande pardon, tout spécialement à vous, cheikh ben Ahmed.

A son tour, se levant de son siège, et aidé par ses gardes du corps, le musulman se dirigea vers le juif. Le cherchant de ses mains, il le saisit brusquement et l'attira à lui. La police était prête à intervenir pour protéger le rabbin. Mais ce ne fut pas nécessaire. Dans une longue et affectueuse accolade, le cheikh exprima toute sa reconnaissance au rabbin. Ce geste dépassa en intensité tout ce que les mots peuvent dire. Le Sage ne savait pas très bien comment conclure la rencontre. Le Bouffon vint à son secours :

– Quand deux personnes descendent par la cheminée de la violence, qu'elles soient juives ou musulmanes, chrétiennes, hindoues ou bouddhistes, les deux sont sales. Mais quand deux personnes se plongent dans le bain de l'humilité, quelles que soient leurs convictions, toutes les deux sont nettoyées.

Puis il ajouta à mi-voix :

– Moi, quand je serai grand, je serai architecte. Et les cheminées, je les construirai directement au-dessus des baignoires…

Une fois de plus, le public et le jury furent privés de débat. Déjà la police interceptait tous les juifs et les porteurs d'un passeport israélien. Contraints de se rendre au poste, ils furent soumis à un interrogatoire serré. La kippa fut recueillie avec soin afin que les spécialistes puissent en retirer toutes les informations qu'elle était susceptible de leur dévoiler.

La vigilance

Le Roi, le Sage et le Bouffon décidèrent de manger ensemble. Le Souverain était tout chamboulé ; malgré ses efforts, il n'arrivait pas à canaliser l'afflux de sentiments qui jaillissaient en lui.

– Hier, c'était ANY et AYN. Aujourd'hui, l'aiguille et la pleine lune du mois de mai…

– Et demain, nous allons tous mourir, dit avec détachement le Bouffon.

– Si cela pouvait me délivrer de tes inepties, je n'en serais pas mécontent, enchaîna rageusement le Roi. Une jeune femme se fait menacer et ensuite presque violer. “Ce ne peut être qu'un extrémiste musulman”, nous dit-on. “Non, ce ne peut être qu'un extrémiste juif”, nous contredit-on. Je ne sais plus où donner de la tête.

– Et si, en fait, le véritable coupable était un extrémiste athée ou chrétien, ou encore hindou ou bouddhiste ? demanda naïvement le Bouffon.

– Et pourquoi pas un extrémiste Bouffon pendant que tu y es ? cria le Roi, encore plus irrité.

Le Sage intervint pour calmer les esprits :

– Sire, le Bouffon n'a peut-être pas tort. Naïvement, nous avons pensé que le coupable était musulman, alors qu'il est peut-être juif. Mais peut-être n'est-il ni l'un ni l'autre…

– Explique-toi, dit le Roi avec beaucoup d'insistance.

– Souvenez-vous du récit du rabbin : un problème mal posé ne trouve aucune solution satisfaisante. Peut-être le véritable criminel a-t-il voulu nous induire en erreur en nous faisant soupçonner des extrémistes juifs ou musulmans. Je ne serais pas étonné que l'auteur de ces méfaits vienne de tout à fait ailleurs.

– Mais quelles seraient ses motivations à venir troubler mon Tournoi ?

– Et si c'était la jalousie ? demanda le Bouffon. Peut-être le président d'un pays voisin n'a-t-il pas supporté de vous voir couronné de prestige en organisant ce premier Grand Tournoi spirituel de l'humanité. Peut-être est-ce vous qui êtes visé par ces menaces ?

– C'est absurde !

– Et si c'était alors un complot fomenté par les adversaires de la royauté, cherchant ainsi à vous déstabiliser pour prendre le pouvoir ?

Le Sage, sentant combien toutes ces hypothèses accablaient le Roi, mit un terme aux spéculations :

– Quel qu'il soit, nous devons être vigilants.

– En effet, ajouta le Bouffon, *quelle qu'elle soit* – car pourquoi ne pourrait-ce pas être une femme ? –, nous devons tous être très vigilants.

La prestation du juif

Après les mots d'usage, le modérateur donna la parole au concurrent juif. Quand il se leva, celui-ci fut aveuglé par les flashes des journalistes. Depuis le drame de la nuit, les « JO » avaient commencé à intéresser les médias. Le rabbin en fut d'abord irrité. Il se dit en lui-même : « Tant que nous parlons de Dieu, de religion, de sens à la vie, cela n'intéresse personne. Mais dès qu'il y a quelque chose de croustillant à se mettre sous la dent, tous les vautours sont là ! » Puis il se ravisa : « La faute n'est pas seulement aux journalistes, mais aussi aux lecteurs. Ce sont eux qui aiment ces récits de violences. Et peut-être, nous les hommes religieux, ne savons-nous plus parler de Dieu sans que cela ennuie. »

Une boutade de Bernard Shaw lui traversa l'esprit. S'en inspirant, le rabbin clama avec beaucoup de solennité :

– Puisque la presse s'intéresse tant à moi, je dois vous faire une confidence. Notre père à tous, Abraham, est mort. Isaac est mort. Jacob est mort. Même Einstein est mort. Et moi aujourd'hui ? Je ne me sens pas très bien !...

Le public aimait l'ironie et l'humour du rabbin.

Le Dieu caché

Après les rires et les applaudissements, il leur dit avec intensité :

– Dieu – béni soit son nom – est un Dieu qui se cache. “Mais, pour sûr, tu es un Dieu qui se tient caché, le Dieu d'Israël, celui qui sauve.” Cela est écrit dans le livre d'Ésaïe, au chapitre 45. Pascal, non sans raison, a été fasciné par le Dieu caché. Or, si le Dieu d'Israël se voile, il sait aussi se dévoiler à ceux qui le cherchent. Imaginez un palais aux portes innombrables, a raconté une fois le Baal-Shem Tov, grand sage du *hassidisme*, ce mouvement de renouveau du judaïsme au XVIIIe siècle. Derrière chaque porte, un trésor attend le visiteur, qui, y puisant à sa guise et saturé de biens, n'éprouve plus alors le besoin de continuer son exploration. Pourtant, tout au bout du couloir, il y a une porte, et derrière celle-ci, un roi prêt à recevoir celui qui pense à lui et non aux trésors.

« L'orgueil du savoir est pire que l'ignorance. Chercher vaut mieux que trouver. L'autosuffisance est pire que la faim. Le pèlerinage vaut mieux que la stabilité. Le propre des faux dieux est d'offrir sans trop d'efforts des biens qui assouvissent passagèrement les besoins les plus faciles à éveiller en l'homme. Le dieu Pouvoir dit : “Prosterne-toi devant moi et tu seras puissant ! Alors tu domineras qui tu voudras.” Le dieu Avoir dit : “Accumule ! Accumule ! Et tu seras riche ! Alors jamais rien ne te manquera.” Le dieu Célébrité dit : “Réussis ta vie en écrasant les autres ! Alors ta mémoire durera éternellement.” Le dieu Plaisir dit : “Jouis sans t'inquiéter de réjouir !

Alors tu seras comblé." Le dieu Spectacle dit : "Fuis dans l'irréel et le virtuel ! Alors tu seras invulnérable." Mais Élohim, le Dieu des dieux, nous dit : "Cherchez-moi et vivez."

« Selon le Talmud (Maccoth 24a), cette parole du livre d'Amos au chapitre 5, verset 4, résume les six cent treize commandements qui furent révélés à Moïse : "Cherchez la Source suprême de tout pouvoir et de tout avoir, de toute célébrité, de tout plaisir et de tout spectacle, et vivez ! Vivez dans la sainteté et la générosité, dans l'humilité, la réjouissance et l'émerveillement. Cherchez ma Torah, ma Loi qui vous indique la Voie, et vous serez heureux." Cherchez… comme un jeune homme cherche sa bien-aimée…

La belle Torah

« Dans le Zohar, un des textes fondamentaux de la mystique juive, la Torah est comparée à une jeune fille de toute beauté, cachée dans une chambre isolée du palais.

Le rabbin ferma ses yeux et l'image d'Amina se projeta dans son esprit. Une légère et agréable vibration traversa tout son corps.

– Cette jeune fille, poursuivit-il avec tendresse et passion, a un amant dont elle seule connaît l'existence. "Par amour pour elle, il passe et repasse sans cesse devant le palais, et regarde de tous côtés, espérant l'apercevoir. Elle sait qu'il ne s'éloigne jamais du palais ; alors que fait-elle ? Elle perce une petite ouverture dans sa chambre secrète, révèle un instant son visage à l'amant, puis aussitôt, derechef, le cache. Lui seul, et nul autre, a aperçu son visage, et il sait que c'est par amour de lui qu'elle s'est, à lui seul, révélée l'espace d'un instant; et son cœur et son âme, tout en lui est attiré vers elle. Ainsi en est-il de la Torah : elle ne révèle ses plus profonds secrets qu'à ceux qui l'aiment. Elle sait que celui qui est sage de cœur erre jour après jour devant les portes de sa demeure."

Après un moment de pause, le rabbin s'exprima dans un langage plus didactique :

– Ce langage amoureux vous choque-t-il? Dans la Bible, il est un livre entièrement consacré à l'Amour entre un homme et une femme, entre le divin et l'humain. C'est le Poème des Poèmes, appelé parfois le Cantique des Cantiques. Rabbi Aquiba a pu dire de cet écrit : "Le monde n'avait ni valeur ni sens avant que le Poème des Poèmes fût donné à Israël." La pulsion sexuelle et la pulsion spirituelle sont les deux faces d'une même pièce. Et cette pièce, c'est celle dont Dieu est le Compositeur. Dans la chair de l'humain est inscrite une pulsion biologique et affective qui le fait sortir de lui-même pour accueillir un autre, une autre. Dans l'esprit de l'humain est inscrite une pulsion métaphysique et spirituelle qui le fait sortir de son ego pour découvrir l'Autre par excellence, Dieu. De même qu'une femme peut être obsédée par le visage d'un homme, et un homme par celui d'une femme, Dieu est le grand Séducteur qui obsède l'âme humaine. Sans ces deux pulsions qui s'appellent l'une l'autre, la vie serait fade, centrée sur elle-même.

« "Élohim créa l'Adam à son image, à l'image d'Élohim il le créa" (Genèse 1,26-27). L'humain, reflet du divin, est à la fois masculin et féminin, une unité dans la dualité. L'Adam initial n'était pas masculin, mais bisexuel. Comme si ç'avaient été deux êtres siamois qu'il fallait séparer, Dieu les a "sciés" pour les différencier. Ainsi Ève a-t-elle été tirée du côté d'Adam. Depuis sa création, le couple est une union scindée en quête d'intimité. Le texte original ne dit pas que Dieu créa *un* homme, mais l'être humain – en hébreu *Ha-Adam*. Or selon les kabbalistes, qui à chaque lettre donnent une valeur numérique pour en découvrir des sens cachés, le total du mot *Ha-Adam* est de 50 ; c'est exactement l'équivalent numérique du mot hébreu *Mi*, qui veut dire "Qui". Alors que pour *Adam* tout seul, un homme masculin sans Ève sa femme, cette somme correspond à 45 ; et 45, c'est la valeur numérique du mot *Mah*, qui signifie "Quoi". De cela, les kabbalistes ont tiré ce bel enseignement : l'homme passe du *Quoi* au *Qui*, d'un être-objet à un être-sujet, lorsqu'il réalise la complémentarité homme-femme. Passer de *Adam* à *Ha-Adam*, c'est rencontrer l'autre, c'est sortir de l'anonymat. Il en va de même lorsque les humains rencontrent leur Créateur : ils quittent une condition d'objets, esclaves des déterminations sociales et biologiques, pour accéder à une condition de sujets, participant à la liberté de Dieu. Le sens de l'histoire humaine – individuelle, communautaire et mondiale – est de passer de l'esclavage à la liberté, de relations de domination à l'ère messianique où la justice et la fidélité s'embrassent.

David Halévy marqua une pause dans sa présentation, puis il reprit :

– Comme vous avez pu vous en apercevoir, pour nous, juifs, notre référence sacrée, c'est la Torah. Dans son sens large, celle-ci est composée de la "tradition écrite", présente dans la Bible juive, et de la “tradition orale”, fixée dans le Talmud. De nombreux commentateurs, théologiens, philosophes et mystiques, enrichissent continuellement notre héritage par leurs lectures infinies. Contrairement peut-être à des traditions plus dogmatiques, la nôtre se refuse à clore une fois pour toutes le sens des textes ; notre responsabilité est d'*interpréter* la Torah, comme des musiciens interprètent une partition. Et les nuances sont sans limites…

Cette image de l'interprétation comme création artistique fascina tout spécialement Alain Tannier. Pendant ses études de théologie, il avait souffert des dogmatismes découverts non seulement dans le christianisme, mais aussi dans l'islam.

– En tant que juifs, nous considérons que la pratique est, à la limite, plus importante que les croyances. Ce qui est primordial, c'est d'observer les *mitzvot*, les commandements que Dieu a révélés dans son face-à-face avec Moïse et dans son accompagnement fidèle du peuple hébreu. Abraham, Isaac et Jacob en sont les pères fondateurs. Tout au long de notre histoire mouvementée, faite de bassesses et d'exploits, de crises et de réconciliations, Dieu nous a sans cesse interpellés en envoyant des prophètes. Leur mission était de nous remémorer comment nous devions vivre selon les exigences divines de justice et de compassion. D'ailleurs, comme le rappelle Raphaël Hirsch, *Élohim*, c'est Dieu dans sa justice, tandis que le tétragramme *YHWH*, c'est Dieu dans sa miséricorde. Les deux aspects sont inséparables. Dieu est à la fois Celui qui manifeste sa compassion dans la Providence et Celui qui met des limites afin que chacun puisse vivre à sa place et laisse vivre les autres à la leur. Celui qui a dit : “Je serai qui je serai” (Exode 3,14) appelle son peuple à quitter toute forme d’idolâtrie pour participer à sa sainteté : “Soyez à moi, saints, car je suis saint moi le Seigneur ; et je vous ai distingués du milieu des peuples pour que vous soyez à moi” (Lévitique 20,26). Le choix du peuple juif par Dieu a souvent été mal compris. Élection ne veut pas dire prédilection, mais appel à servir l’humanité en témoignant du mouvement vers la justice et la miséricorde dans lequel Dieu appelle tous les peuples.

Le résumé du rabbin

Le rabbin s’était attendu à constater des remous dans le public lorsqu’il évoquerait l’élection de son peuple, mais personne ne fut choqué par son interprétation. Enhardi par cette écoute attentive, il se risqua à affirmer :

– Il me semble, sommairement dit, que les hindous et les bouddhistes privilégient la position assise, celle de la méditation et de l’intériorisation, que les musulmans valorisent le passage de la position debout à celle du prosternement, signe de la soumission à Allah, et que les chrétiens insistent surtout sur le redressement de la position couchée à celle debout, symbolisant le passage de la mort à la résurrection. Le message spécifique confié aux juifs est celui de la marche : l’exode du pays d’Égypte vers la Terre promise, de l’esclavage vers la liberté.

Le résumé enchanta le Sage. Comme les autres délégués n’avaient toujours pas exprimé quelque signe de contrariété, le rabbin se demanda s'ils l'écoutaient encore. En lui-même, il se remémora cet adage : « Un rabbin qui n'est pas contesté n'est pas un rabbin. » Il hésita à dire une parole provocatrice, mais l'enseignement de Rabbi Méir le calma intérieurement : « Dieu n'a rien créé de plus beau que la paix. » D'une voix tranquille, il poursuivit donc :

– Nos Sages ont dénombré dans la Loi de Moïse 613 commandements, dont 248 sont positifs et 365 des interdictions. Selon la tradition, à chacun des membres du corps humain correspond un commandement positif et à chacun des 365 jours de l'année une interdiction. En bref, cela veut dire que toute l'année le corps entier doit pratiquer la Loi et que cette pratique est source de guérison. “Mon fils, n'oublie pas ma Torah, mes ordres, ton cœur les protégera. Oui, longueur de jours, années de vie, paix te seront ajoutées. Le chérissement, la vérité ne t'abandonneront pas. Attache-les sur ta gorge, écris-les sur la tablette de ton cœur. Tu trouveras grâce, perspicacité du bien aux yeux d'Élohim et de l'humain. Assure-toi en YHWH de tout ton cœur ; et ne t'appuie pas sur ton discernement. Pénètre-le dans toutes tes routes ; et lui, il redressera tes voies. Ce sera remède pour ton ombilic et philtre pour tes os” (Proverbes 3,1-7).

« Un non-juif se présenta un jour à Hillel, sage connu pour sa douceur et mort en l'an 10 de l'ère chrétienne. Il lui dit : “Je me ferai juif ; mais il faut que tu m'enseignes toute la Loi, pendant que je me tiendrai sur un seul pied.” Le maître lui dit : “Ce que tu n'aimes pas que l'on te fasse, ne le fais pas à autrui. C'est toute la Loi ; le reste n'est que commentaire : va et apprends-le.” Quant à

Rabbi Akiba, il a enseigné, citant Lévitique 19, verset 18 : "Tu aimeras ton prochain comme toi-même ; c'est là le grand principe de la Loi."

Diversité et unité des juifs

« Ainsi, notre Loi est à la fois complexe et simple. Certains de mes compatriotes cherchent à la suivre jusque dans les détails, d'autres vont à l'essentiel en "oubliant" le reste. Entre juifs orthodoxes et libéraux, la guerre peut être rude : les premiers insistent sur la nécessité de pratiquer tous les commandements de la Loi, les seconds sur celle de ne pratiquer que ceux compatibles avec la vie moderne. Entre les deux, les juifs conservateurs essaient de trouver une position intermédiaire. En plus de ces trois tendances, certains en rajoutent une quatrième, celle des juifs reconstructionnistes. Mais peu importe. Ce qu'il faut savoir, c'est que le judaïsme a vu apparaître ses grandes tensions non à ses débuts, mais avec l'arrivée des Temps modernes. Aujourd'hui, on peut être juif et pratiquant, juif et non pratiquant, voire juif et athée. Moïse Maimonide, le grand médecin et philosophe juif du Moyen Age, a néanmoins récapitulé en *treize articles de foi* les croyances fondamentales qui sont les nôtres : le Créateur dirige tout, il est Unique, sans corps, le Premier et le Dernier ; à lui seul doivent être adressées les prières ; les prophètes disent vrai et Moïse est le premier d'entre tous ; la Loi lui fut donnée, et elle est immuable ; Dieu connaît toutes les actions et les pensées humaines ; il rémunère les observateurs de ses préceptes et punit ceux qui les violent ; le Messie viendra quoiqu'il tarde, et la résurrection des morts aura lieu. Beaucoup de juifs acceptent ces articles, d'autres pas ; et pourtant ils restent juifs. Notre peuple, en comparaison des autres religions, est petit, néanmoins je suis fier d'en faire partie. De lui sont sortis des philosophes comme Spinoza, Bergson ou Husserl, des scientifiques comme Einstein, Bohr ou Born, des artistes comme Mendelssohn, Mahler ou Chagall, des psychologues comme Freud, Adler ou Bettelheim, des hommes politiques comme Herzl, Marx ou Trotski, des génies religieux comme Abraham, Moïse ou Jésus... Certains sont restés fidèles au peuple, d'autres non ; certains ont pris sa défense, d'autres l'ont attaqué avec virulence ; certains ont observé sa Loi, d'autres l'ont décriée ; mais tous ont été travaillés par des questions fondamentales et se sont mis en marche vers ce qu'ils ont considéré être une Terre nouvelle, et à leur suite ils en ont entraîné beaucoup d'autres. Le plus important, c'est la recherche.

« On rapporte qu'un homme angoissé interrogea le hassid Mendel de Kotz : "Rabbi, je réfléchis tout le temps. – A quoi donc ? – Au fait de savoir s'il y a vraiment un juge et un jugement. – Et qu'est-ce que cela peut bien te faire ? – S'il n'y en avait pas, alors à quoi bon la création ? – Et qu'est-ce que cela peut bien te faire ? – Alors à quoi bon la Torah ? – Et qu'est-ce que cela peut bien te faire ? – Que dites-vous là, rabbi ? – Si cela t'importe tant, c'est que tu es un vrai juif. Tu peux alors méditer et réfléchir sans crainte." Quant à Yaakhov Yitzhak de Pssiskhé, il a dit : "Il n'existe pas de principe dans la manière de servir Dieu. Et ce principe lui-même n'en est pas un."

Un silence impressionnant régnait dans le public.

Les vraies richesses

Le rabbin décida de le rompre par un ultime enseignement sur les vraies richesses :

– La plus grande tentation pour l'humanité, c'est de devenir prisonnière de ses richesses. A ce propos, si jamais vous cherchez une bonne banque pour lui confier vos biens, je peux toujours vous donner l'adresse de mon oncle... mais il vous faudra attendre l'issue de la rencontre.

Un gros éclat de rire détendit l'atmosphère.

– On posa à Rabbi Mikhal de Zlotchev une question embarrassante : "Vous êtes pauvre, rabbi. Pourtant vous remerciez Dieu tous les jours de subvenir à vos besoins ; n'est-ce pas là un mensonge ? – Pas du tout. Pour moi, la pauvreté est un besoin !" Et Rabbi Nahum de Tchernobyl, ville aujourd'hui tristement célèbre, disait non sans humour : "J'aime la pauvreté. Elle est un cadeau que Dieu fit à l'homme. Un vrai trésor. Et qui ne coûte pas cher."

Le rabbin s'assit sous un déluge d'applaudissements. Au fil des heures, le public osait plus spontanément exprimer ses sentiments. Et le Sage en fut tout réjoui.

Confrontations

Le modérateur donna d'abord la parole à quelqu'un du jury, pour éviter de frustrer une fois de plus ses membres. Une femme se précipita dans le débat :

– Monsieur le rabbin, vous m'avez éblouie ! Votre diction, votre humour, votre intelligence sont une fête pour l'esprit. Mais, très franchement, je dois vous dire que votre feu d'artifice me laisse perplexe. A la fin de votre prestation, je ne sais toujours pas ce qu'est l'identité juive ! Que l'on puisse être juif et non pratiquant, cela je le conçois facilement. Mais que l'on puisse être juif et athée, voire juif et anti-juif, cela me dépasse !

La question juive

Un large sourire éclaira le visage du rabbin :

– La "question juive", celle de son identité, de son origine et de son pourquoi, est LA question qui obsède depuis toujours mon peuple. On raconte qu'un bateau, ayant à son bord des scientifiques de renom, s'échoua. Arrivées à terre, ces éminences grises découvrirent que seul un troupeau d'éléphants habitait leur nouvel espace. Pour ne pas perdre leur souplesse intellectuelle, chacun se mit à faire une recherche. Le scientifique français s'intéressa au sujet "La vie amoureuse des éléphants" ; l'Américain rédigea une brochure intitulée : "Comment doubler votre troupeau d'éléphants en six mois" ; l'Allemand rédigea une thèse sur "la philosophie des éléphants de Hegel à nos jours". Le juif, quant à lui, consacra toute son énergie au thème "Les éléphants et la question juive" !

« Qu'est-ce qu'"être juif" ? Le mot "judaïsme" vient d'une racine hébraïque qui veut dire "rendre grâce à Dieu". Mais il sert à désigner aussi un pays, la Judée, ainsi que ses habitants, les descendants de la tribu de Juda, les juifs. André Chouraqui, pour évoquer l'identité juive, parle d'une "trinité", celle qui lie un Message, un Peuple et une Terre.

« Le Message, c'est la Torah, récapitulée dans le "Shema Israël" : "Écoute, Israël, YHWH, notre Élohim, YHWH un, et tu aimeras YHWH, ton Élohim, de tout ton cœur, de tout ton être, de toute ton intensité. Ces paroles que je vous ordonne moi-même aujourd'hui seront sur ton cœur. Inculque-les à tes fils, parle d'elles, en habitant ta maison, en allant sur la route, en te couchant, en te levant. Attache-les en signe sur ta main. Elles seront en diadème entre tes yeux. Écris-les sur les montants de ta maison et sur tes portes" (Deutéronome 6,4-9).

« La récitation de cette confession de foi en hébreu contient deux cent quarante-huit mots, qui, selon nos sages, correspondent aux deux cent quarante-huit organes du corps humain. Ainsi, une récitation journalière est source de santé. Sachez, en passant, que c'est à cause de ce texte, entre autres, que les juifs pratiquants utilisent des *tefillin*, ou phylactères, petites boîtes carrées contenant des versets de la Bible, et les attachent à leur front et à leurs bras pendant la prière matinale. Les paroles du "Shema Israël" sont aussi inscrites dans une *mezouza*, un symbole religieux placé sur le montant droit de la porte de la maison.

« Quant à la Terre, elle est celle d'Israël, comprise géographiquement ou spirituellement selon les tendances. Il est vrai, bien des juifs n'observent plus les commandements de la Torah et certains même ne se sentent pas rattachés à la "Terre d'Israël". Ils réinterprètent le Message libérateur dans un sens laïc – pensez au socialisme d'un Marx ou à la psychanalyse d'un Freud –, mais ils restent néanmoins juifs. Pourquoi ? Parce qu'ils appartiennent toujours et encore au Peuple…

Israël ou Palestine, une Terre com-promise ?

Le cheikh, en entendant le rabbin parler de la Terre d'Israël, se raidit dans son fauteuil.

– Juifs et musulmans, intervint-il alors avec émotion dans la discussion, pourraient mieux s'entendre si les divers "sionismes" politiques et religieux cessaient d'empoisonner nos relations. Jérusalem est aussi une ville sainte pour nous musulmans, et le martyre du peuple palestinien a déjà trop duré. Il est dans l'air du temps de dénoncer les criminels qui se réclament de l'islam pour tuer et pour voler. Mais pourquoi ne met-on pas autant d'énergie à condamner ceux parmi les juifs qui en font autant et qui, au nom de la Bible, continuent d'exproprier et de réduire en servitude tout un peuple ?

Pendant une fraction de seconde, une haine violente jaillit dans les yeux du rabbin, mais elle disparut aussitôt par un effort de contrôle de sa part. Comme si une blessure encore vive avait été touchée, puis rapidement camouflée.

– Le problème des Palestiniens et la question des "sionismes" sont des sujets épineux. Depuis les promesses faites à Abraham, à Isaac et à Jacob, les juifs se sont toujours sentis de cœur et d'esprit attachés à cette terre. Rachi a même pu dire : "Un Israélite hors de la Terre sainte est comme s'il n'avait pas de Dieu." Imaginez que l'Arabie Saoudite, un jour, soit conquise par des ennemis de l'islam. Pensez-vous sincèrement qu'après, disons, deux mille ans d'occupation les musulmans pourraient l'oublier et ne chercheraient pas de tout leur cœur à y retourner ? Et cela même si certains soufis les invitaient sans cesse à “spiritualiser” La Mecque et la Ka’aba ?

Le cheikh demeura pensif.

– Pour les Palestiniens, poursuivit le rabbin, les juifs sont une “épine”. Notre venue en grand nombre depuis un siècle les a déstabilisés. Cette terre qu’ils considèrent comme leur a été arrachée de leurs mains, souvent avec une violence injustifiée. Mais, de même, les Palestiniens sont une “épine” pour les juifs. Dans le livre des Juges, il est écrit : “La colère du Seigneur s’enflamma contre Israël. Il dit : ‘Puisque cette nation a transgressé mon alliance, celle que j’avais prescrite à leurs pères, et qu’elle n’a pas écouté ma voix, moi non plus, je ne continuerai plus à déposséder devant elle aucune de ces nations que Josué a laissées en place avant de mourir.’ C’était pour mettre par elles Israël à l’épreuve et savoir s’il garderait ou non le chemin du Seigneur en y marchant comme l’avaient fait leurs pères” (2,20-22). Dieu aurait pu “déloger” et “reloger” ces premiers occupants. Mais il ne l’a pas fait. Ils sont devenus des “épines” (Josué 23,13) voulues par Dieu lui-même pour que le peuple d’Israël ne devienne pas idolâtre en adorant sa nation, son pouvoir militaire, ses droits... La terre n’appartient ni aux juifs ni aux Palestiniens, mais à Dieu seul, et il la prête à qui il veut. “‘Le pays est à moi ; vous n’êtes chez moi que des émigrés et des hôtes’, dit le Seigneur” (Lévitique 25, 23). Dans un de nos psaumes, il est affirmé : “Les humbles posséderont le pays, ils jouiront d’une paix totale” (37,11). Dans votre Coran, cela est rappelé car il y est écrit : “Nous avons écrit dans les Psaumes, après le Rappel : ‘En vérité, mes serviteurs justes hériteront de la terre'" (21,105). Et dans l'Évangile des chrétiens, Jésus a enseigné : "Heureux les doux, ils auront la terre en partage" (Matthieu 5,4). Dieu prête la terre à qui il veut. Cela signifie : aux humbles, aux justes et aux doux. Et si ces locataires cessent de l'être, Dieu veille lui-même à ce que "la terre vomisse ses habitants" (Lévitique 18,25) ; aussi bien juifs que Palestiniens. Nous sommes donc tous condamnés à la justice.

Vers une double reconnaissance ?

– Puisque vous venez de citer Jésus, dit alors le docteur Clément, je souhaiterais vous entendre un peu plus à son propos. L'histoire des relations entre chrétiens et juifs est… horrifiante… La somme des misères que les Églises chrétiennes ont fait subir à votre peuple est indescriptible. J'en ai honte et ne sais comment vous en demander pardon…

Visiblement meurtri par ce passé terrible, le chrétien baissa la voix et les yeux.

– Que n'a-t-on dit à votre propos ? poursuivit-il. Grégoire de Nysse vous appelait "les déicides, les meurtriers des prophètes, ceux qui se battent contre Dieu et le haïssent, transgresseurs de la loi, ennemis de la grâce, étrangers à la foi de leurs pères, avocats du diable, engeance de vipères…". Et Luther a écrit à votre sujet : "Premièrement, qu'on mette le feu à leurs synagogues et à leurs écoles […]. Et qu'on fasse cela à la gloire de notre Seigneur et de la chrétienté, afin que Dieu voie que nous sommes chrétiens et que nous n'avons voulu ni toléré qu'on blasphémât, calomniât et reniât son Fils. Puis que Dieu nous pardonne ce que par ignorance nous avons toléré (moi-même je ne l'ai pas su). [...] Secondement qu'on détruise également leurs maisons [...] pour qu'ils sachent qu'ils ne sont pas les seigneurs dans notre pays, comme ils se vantent de l'être, mais des miséreux et des captifs, comme ils s'en plaignent sans relâche devant Dieu." Lorsque Herzl rendit visite au pape Pie X pour chercher son soutien, la réponse reçue fut on ne peut plus claire : "Les juifs n'ont pas reconnu Notre Seigneur. Dès lors, nous ne pouvons reconnaître le peuple juif." Dieu merci, depuis le concile de Vatican II, les mentalités ont bien changé.

– Comment vous répondre en quelques mots à propos de Yéchoua ben Yosseph ? L'opinion juive sur lui peut être résumée dans ces paroles du rabbin Stephen S. Wise :

> "Jésus était un homme, et non pas Dieu ;
> Jésus était juif, pas un chrétien ;
> Les juifs n'ont jamais rejeté Jésus, le juif ;
> Les chrétiens, dans l'ensemble et au fond,
> n'ont pas accepté Jésus le juif et ils ne l'ont
> pas suivi !"

« Jésus était un des nôtres. Sa façon de prier, d'enseigner, de s'habiller... tout exprime sa judéité. Et pourtant un gouffre nous sépare. Nous, juifs, attendons toujours la venue du Messie. Pourquoi ? Parce que nous croyons que sa venue sera libératrice de toutes les souffrances. On annonça un jour à un rabbin que le Messie était venu ; celui-ci regarda simplement par la fenêtre et constata que rien n'avait changé ; il sut dès lors que le Messie n'était pas encore là.

– Mais, sur ce point, sommes-nous tellement en désaccord ? A tort, les chrétiens ont concentré leur foi sur la venue passée du Messie ; or, comme vous, nous attendons la plénitude de sa présence !

– Peut-être. Mais pour nous il est difficile d'accepter que, en cet homme, Dieu dans son amour se soit tourné vers nous. Comment en effet reconnaître en Jésus l'*Emmanuel* – le Dieu avec nous – alors que ses porte-parole n'ont cessé de témoigner à notre égard d'un Dieu contre nous ?

Christian Clément comprenait bien les réticences du rabbin.

– Cela reconnu, poursuivit ce dernier, depuis que l'Église a cessé de rejeter le peuple juif, le peuple juif a cessé de rejeter Jésus. Il y a même une sorte de vogue en Israël autour de sa personne : jamais autant de livres ne lui ont été consacrés. Le professeur Léon Askenasi, connu sous le nom de "Manitou", a écrit un article remarquable où il rappelle l'idée qu'il y aurait deux sortes de messianité : l'une selon *Juda* et l'autre selon *Joseph*. Dans la généalogie de Jésus qui se trouve dans l'Évangile de Matthieu (1,2), il est écrit que le patriarche "Jacob engendra Juda et ses frères", dont Joseph, vous vous en souvenez, l'Hébreu qui servit le Pharaon pour tenter de sanctifier la civilisation égyptienne. Or, à la fin de cette généalogie (1,16), il est dit qu'un autre "Jacob engendra Joseph, l'époux de Marie, de laquelle est né Jésus, qui est nommé Messie". Il n'est donc pas anodin que le père de Jésus porte le nom de Joseph, et que lui-même soit le fils d'un Jacob. Tout lecteur familiarisé avec la Bible sait que Joseph est l'Hébreu qui devint égyptien, donc témoin de Dieu parmi les païens, tandis que Juda est le patronyme du peuple hébreu qui est sorti d'Égypte (Psaumes 114,1-2), donc témoin de Dieu en dehors des païens. Il y aurait ainsi deux sortes de "diaspora" des enfants de Jacob, deux manières d'être le peuple d'Israël : l'une selon les "fils de Joseph", parmi les païens pour les sanctifier, et l'autre selon les "fils de Juda", en dehors des païens pour rappeler la sainteté de Dieu. Jésus, fils de *Joseph*, exprimerait alors une façon d'être Messie *selon Joseph* parmi les nations ; tandis que le peuple juif, en tant que fils de *Juda*, serait resté fidèle à une messianité *selon Juda* en attendant toujours la plénitude du règne messianique. Ces deux messianités cesseraient alors d'être antagonistes pour devenir complémentaires.

Cette explication, un peu ardue, époustoufla le docteur Clément. Jamais il n'avait entendu un juif, tout en restant *juif*, aller aussi loin dans un chemin de rapprochement.

– Contrairement aux musulmans, nous, juifs, pouvons accepter que Jésus soit "fils de Dieu". Ces mots veulent dire qu'il est une créature conforme au projet du Père créateur. Ce qui pose problème pour nous, c'est l'inversion du titre en Jésus comme "Dieu le Fils".

Un Dieu Père et Mère ?

– Permettez-moi de vous demander, intervint alors le swami, pourquoi les juifs – comme les musulmans – ont tant de peine à accepter que Dieu se révèle par un humain. Et pourquoi désignez-vous toujours votre Dieu comme le "Père" alors que vous dites vous-même qu'il a fait l'humain à son image, masculin et féminin ? Ne pourriez-vous pas l'appeler aussi votre "Mère" ?

– J'espère que nos débats théologiques ne vont pas ennuyer le public... Mais je réponds volontiers à vos questions. Pour les juifs, le Créateur dépasse infiniment la création. Affirmer ainsi sa transcendance, c'est refuser toute mainmise sur lui, et aussi toute mainmise en son nom sur d'autres. L'histoire malheureusement nous confirme que la plupart des atrocités commises au nom des religions l'ont été quand cette distance n'a plus été respectée. Le *"Gott mit uns"* – "Dieu avec nous" – inscrit sur les ceinturons des soldats allemands est l'expression la plus perverse des prises de pouvoir religieux. Dieu peut être *avec nous*, à condition qu'il puisse aussi être *contre nous*.

Tout à coup, le rabbin fit le lien avec ce qu'il venait de dire au chrétien. Il se demanda si la terrible hostilité des Églises à l'égard des juifs et la profonde inimitié des juifs envers les Églises n'avaient pas aussi une source commune en Dieu. Comme si le Père Créateur corrigeait ses deux fils l'un par l'autre. Mais à quel prix ? se demanda-t-il aussi. Quittant ses élucubrations intérieures, il revint à la question posée :

– Quant à la terminologie masculine appliquée à Dieu, vous avez raison de dire qu'elle est en partie inadéquate. Ce langage sexué a été hélas utilisé par les hommes religieux, les hommes mâles, pour dominer les femmes. Dans nos textes, plusieurs auteurs se réfèrent à un langage maternel, voire matriciel, pour parler de la tendresse de Dieu : "Comme un homme que sa mère réconforte, ainsi je vous réconforterai moi-même...", dit Dieu par le prophète Ésaïe (66,13). Alors que le “Père” est clairement différencié de son enfant, une “Mère”, du moins pendant la gestation, ne l’est pas. C’est pour préserver cette extériorité, cette sainteté de Dieu, qu’un langage masculin a été utilisé. Il faut savoir cependant que les juifs ne peuvent rien dire sur Dieu en tant que tel ; ils peuvent uniquement s’exprimer à partir de sa propre Parole. Dieu en soi est inconnaissable. C’est à partir de ses réfractions dans la Révélation et de ses relations avec l’homme et le monde qu’il peut balbutier certaines choses. Nommer, c’est dominer. Et Dieu excède toujours nos discours et nos consciences.

Un Dieu qui libère et qui aime

Le moine Rahula sortit de son silence :

– Si je comprends bien le judaïsme, source première des religions chrétienne et musulmane, Dieu est le Créateur du monde et cette création est *bonne*. Le Bouddha était réticent à l’idée qu’un Créateur bon soit le fondement de l’univers. D’abord parce que l’expérience humaine est celle non pas d’un monde *bon*, mais bien plutôt d’interactions le plus souvent frustrantes, et ensuite parce que postuler un Dieu qui dit “JE SUIS” contredit l’expérience de l’impermanence de toute chose. Le bouddhisme se refuse à spéculer sur un Dieu hypothétique, car son hypothèse même détourne l’homme de ce qui doit être son unique objectif : tout mettre en œuvre pour vivre la libération.

– Nos deux visions du monde sont, il est vrai, très

opposées l'une à l'autre. Pour nous, Dieu se révèle comme un "JE SUIS" qui permet à l'homme de dire : "Je suis." Nous croyons que chaque être est unique et tire son existence de Celui qui fait être. Alors que pour vous les identités semblent se dissoudre dans un mystère indéfinissable, pour nous le mystère de Dieu donne son identité à chaque créature. Cependant, comme vous, nous croyons à la *libération* et à la *liberté*. Les lourdeurs du monde – que ce soit le mal, la maladie ou la mort – ne sont pas des poids qui doivent toujours nous écraser. Reconnaître que Dieu est le Créateur du monde, c'est dire qu'il n'en est pas l'esclave, qu'il le maîtrise et qu'il l'oriente pour notre bien. Toute fatalité est rejetée. De la même manière, le Bouddha a rejeté tout pessimisme qui lierait l'homme à son *karman* ou à la souffrance. Or, un autre point commun, c'est la même foi en l'*interdépendance* de toute chose. Mais alors que vous restez silencieux sur le Support ou l'Au-delà de cette interdépendance, nous y discernons le projet d'amour de Dieu. Samson Raphaël Hirsch a pu écrire : "Ainsi un grand lien d'amour, qui unit ceux qui donnent à ceux qui reçoivent, empêche quiconque d'être par soi-même, tout n'est qu'interaction, interdépendance pour l'individu et le groupe. Nulle force qui garde quelque chose pour elle seule, nulle force qui ne reçoive pour donner. Chaque être donne, et reçoit en donnant, le parachèvement de sa destination. Eh ! l'amour, disent les Sages (Beréshit Rabba 80,12), l'amour qui porte et qui est porté, voilà le maître-mot de la création de l'univers. *Amour*, tel est le mot que toute chose te souffle."

Alain Tannier, cette fois, prit la parole en dernier :

– Je me sens très proche du moine Rahula et vos arguments me laissent sur ma faim. Puisque vous parlez d'amour, j'aimerais revenir sur ce que vous avez dit à propos du lien entre l'amour sexuel et l'amour spirituel. Ne vous êtes-vous jamais demandé si cette belle symbiose n'était pas tout simplement une *sublimation* très spiritualisante de pulsions tout à fait biologiques ? Dire que c'est Dieu qui a créé la sexualité, n'est-ce pas là une façon de la sacraliser, de la mettre à part, alors qu'elle est une loi de presque toute la nature ?

– La sexualité, vous avez raison, n'est pas le propre de l'homme, répondit le rabbin. Mais l'humain est le seul "animal" à pouvoir formuler un sens à ce qu'il fait et à en débattre comme nous le faisons maintenant. Dans votre question, je crois en discerner une autre : tout notre discours sur Dieu, n'est-ce pas simplement une projection de nos rêves ? Un hindou vous demanderait peut-être : "Et si l'existence humaine n'était que le rêve de Dieu, dont le salut consiste à en être réveillé ?" En tant que juif – et, certainement, mes cousins dans la foi que sont les chrétiens et les musulmans ne me contrediront pas –, je dirais que la grande option qui se présente à l'être humain est la suivante : choisir entre le révélé ou le rêvé. Tout en sachant très bien que, dans le révélé, le rêve humain n'est pas absent.

Le rabbin retourna à sa place. Son visage fatigué décourageait toute nouvelle question. Le Sage mit alors fin à la rencontre et souhaita à chacun de bien profiter de la soirée libre. En fait, c'étaient les commerçants du pays qui avaient fait pression sur les organisateurs pour qu'ils laissent de la disponibilité aux nombreux spectateurs du

Tournoi. Eux aussi voulaient participer aux « bénéfices » d'un tel événement. Il est vrai, l'éloge de la pauvreté par le rabbin n'était pas la meilleure publicité qu'ils auraient pu espérer ; mais comme le chemin de la théorie à la pratique peut être fort sinueux et long, les commerçants du pays n'eurent guère de souci à se faire.

– Mesdames et messieurs, profitez de cette soirée pour vous détendre et pour découvrir cette région du Royaume. Demain, une longue journée nous attend. Après la prestation du candidat chrétien, le jury devra délibérer et choisir la meilleure des religions pour notre pays. Sa tâche ne s'annonce pas facile.

Le Bouffon, lui aussi exténué par tant d'émotions et de discours, se tourna vers le Sage :

– Génial, le rabbin ! Surtout ce qu'il a dit sur le rêvé et le révélé. Notre Roi, lui, ne pense qu'au révélé dans le rêvé. Moi, ce qui invariablement me ravit et me fait relever la nuit, c'est quand j'ai rêvé de petits verres et de raviolis...

Or, ce soir-là, le Bouffon mangea tout à fait autre chose. En effet, avec le Sage et les six médaillés potentiels, il fut invité au palais. A la table même du Roi.

L'enquête

Toute la journée, les policiers du Royaume avaient été en effervescence. Avec un soin extrême, ils avaient fait analyser la lettre de menaces et la kippa remise par le rabbin. Sur la lettre, ils avaient bien reconnu les empreintes digitales du cheikh, d'Amina et du Sage – ils avaient même réussi à isoler les traces d'un gant. Quant à l'écriture, elle n'appartenait à aucun des musulmans arrêtés. D'ailleurs, plusieurs d'entre eux ne parlaient même pas l'arabe utilisé, étant d'origine indonésienne ou pakistanaise ; la plupart, il est vrai, connaissaient l'arabe coranique, mais de là à écrire cette lettre, il y avait un fossé. Ce qui était encore plus déroutant, c'était la kippa. Les analyses ne décelaient aucune trace d'identification autre que celle du... rabbin. Les spécialistes étaient unanimes : l'objet avait été soigneusement lavé afin que tout autre signe, empreinte, cheveu ou pellicule, disparaisse. Toutes les hypothèses avaient été étudiées, mais aucune ne permettait à l'enquête de progresser.

Le criminel était-il d'un pays étranger ou un natif ? Était-ce quelqu'un du public ou une personne extérieure au Tournoi ? Les policiers avaient même envisagé la possibilité que le coupable soit quelqu'un du jury, voire l'un des délégués. Mais pour quels motifs aurait-il cherché à attaquer Amina ? Paradoxalement, les soupçons commençaient à se focaliser sur le cheikh et le rabbin. N'avaient-ils pas intérêt l'un et l'autre à voir la religion de leur concurrent dénigrée par l'affaire ? Celui qui les intriguait le plus, c'était le rabbin. Pourquoi lui seul n'avait-il pas été au spectacle ? Et pourquoi n'y avait-il sur la kippa que la seule trace de ses doigts ? Et si c'était lui qui avait tout machiné pour faire croire à un attentat et qu'un de ses compatriotes soit son complice ? Puis, par une ruse suprême, il aurait déposé lui-même un symbole juif pour laisser imaginer qu'un non-juif avait cherché ainsi à l'accuser... Son intelligence si fine était assurément capable d'imaginer de telles perversions. Il fut décidé que, jusqu'à la fin des joutes, les délégués seraient surveillés avec soin par des agents en civil.

Au poste de police, les suspects juifs et musulmans clamaient avec véhémence leur innocence. Plusieurs avaient menacé de contacter leur ambassade si leur détention devait se prolonger. Le responsable de l'enquête n'osait cependant prendre le risque de les mettre en liberté. Il décida alors de consulter le ministre de l'Intérieur, qui lui-même fit parvenir une lettre au Roi.

Repas au palais

Dans la résidence royale, tout avait été préparé jusque dans les moindres détails pour que le repas convienne à chacun des invités. Le plus étrange, c'était de voir ces hommes, qui tous avaient parlé de la pauvreté et du détachement avec tant d'éloquence, attablés ensemble dans un cadre si somptueux et manger des mets si raffinés. Il est vrai, Rahula avait songé à décliner l'invitation. En effet, en tant que moine bouddhiste, il ne mangeait plus rien après le repas de midi. Mais pour ne pas vexer inutilement le Roi il avait choisi de participer à la soirée. Quant au swami, il s'était rassuré en se souvenant de la parole d'un de ses sages : « Un roi dans son palais peut être plus détaché qu'un mendiant dans son taudis. »

A la fin du repas, le Souverain prit la parole. Il avait envie de « se racheter » de sa performance médiocre du premier jour.

– Nobles délégués, c'est un honneur immense pour mon Royaume que de vous accueillir parmi nous. En effet, chacun de vous a médité avec consécration aux choses essentielles de la vie. Plus encore : chacun est le digne héritier d'antiques traditions qui, pendant des siècles, voire des millénaires, se sont perpétuées pour soulager les maux des humains. Toute la sagesse multicolore de la terre est récapitulée en vos personnes. Et pour la première fois dans l'humanité, la quintessence de ces expériences et de ces connaissances est rassemblée et offerte avec simplicité à d'autres. Moi-même, ainsi que le Sage et le Bouffon, nous avons fait d'étranges rêves…

Le Sage se pencha promptement vers le Roi et lui murmura à l'oreille :

– Sire, n'en dites rien pour l'instant. Le candidat chrétien ne s'est pas encore exprimé.

Le Roi sourit. Comme pour dire qu'il ne l'avait pas oublié.

– Or ces rêves nous ont bouleversés. Il en va de même de ce que nous avons entendu de vos bouches. N'étaient ces dramatiques événements dont Mlle Amina a été la malheureuse victime, ce Tournoi serait une pleine réussite. Mais n'anticipons pas. Demain, nous vivrons une journée décisive. Messieurs, d'ores et déjà, je vous remercie pour vos prestations et vous souhaite encore bonne chance.

A part les dernières paroles de souhaits, mal indiquées pour de telles joutes, le Roi ne s'en était pas trop mal sorti. Et il le savait. On profita des applaudissements pour lui remettre la lettre du ministre. Après l'avoir lue, le Roi la tendit au Sage. Fallait-il libérer les suspects ? Tel était en substance le contenu de la missive. Le Sage conseilla au Roi de poser directement la question aux délégués.

Après consultation, il fut décidé à l'unanimité que les suspects juifs et musulmans devaient être relâchés et étroitement surveillés. Par ailleurs, d'un commun accord, l'accès à la grande salle du cloître ne leur serait pas interdit : comme tous les participants seraient fouillés à l'entrée, le risque d'un attentat était minime. La soirée se termina relativement tôt et chacun retourna à son domicile. Le moine Rahula médita un peu plus longtemps que d'habitude ; de cœur, il se joignit aux millions de bouddhistes de par le monde célébrant la fête de Vesak. Les autres concurrents se couchèrent sans tarder. Sauf le rabbin. Sous de multiples angles, il reconsidéra sa présentation de l'après-midi : il regretta l'omission de plusieurs assertions importantes. Ce soir-là, il se sentait particulièrement seul. Le souvenir de son corps à corps avec Amina, la veille, le fit frissonner, sa présence dans la pièce d'à côté lui devint insupportable. Pour se calmer, il sortit se promener dans le parc. La lumière était encore allumée dans la chambre de sa voisine. Le rabbin crut même un instant discerner la silhouette de la jeune fille cachée derrière le rideau. Comme si elle le guettait. Comme si elle l'attendait. Pris par ses émotions, David ne remarqua pas qu'un policier en civil le suivait et l'observait jusque dans ses moindres gestes. En retournant vers sa chambre, la main du rabbin caressa la porte d'Amina. Le responsable de la police en fut avisé sur-le-champ…

La prestation du chrétien

Après le petit déjeuner, chacun se rendit au cloître. Les fouilles retardèrent le début de la rencontre. Le Sage rappela à tous quel serait le programme de la journée et donna la parole au docteur Clément. En se levant, celui-ci fut surpris de constater que le public était moins nombreux que la veille. Selon les observateurs, lirait-il plus tard, cette baisse était liée au fait que beaucoup d'habitants du Royaume étaient persuadés, étant donné le passé culturel et religieux du pays, de connaître déjà le christianisme. Dès lors, ils ne ressentaient pas le besoin de consacrer du temps à cette nouvelle et dernière prestation. L'assemblée clairsemée blessa Christian Clément. Doutant souvent de lui-même, il le prit comme un déni de sa personne. Son invocation intérieure pour être inspiré fut d'autant plus fervente.

– Votre Majesté, mesdames et messieurs, je ne sais si c'est un avantage ou un inconvénient d'être le dernier à prendre la parole. Plusieurs d'entre vous doivent être saturés par toutes les belles pensées déjà offertes à notre méditation. J'espère qu'il vous reste un petit espace pour accueillir ce que je tiens à partager avec vous.

Dans l'intonation et la façon de se tenir du chrétien, il y avait une fragilité évidente qui irritait les uns et attirait les autres.

Un chemin de croix

– Permettez-moi, comme le cheikh Ali ben Ahmed, de commencer par vous narrer quelques épisodes de ma vie. La franchise des différentes contributions m'encourage aussi à adopter un langage plus personnel.

« Je suis né en Suisse, dans un milieu assez aisé. Mon père se disait protestant, sans participer à la vie d'une Église, et ma mère est une catholique fervente. Dans ma jeunesse, plusieurs drames ont bousculé ma vie…

La pause du docteur Clément était empreinte de profondeur et de tristesse.

– Assez brutalement, mon père a perdu son travail… et pendant des années il s'est trouvé au chômage. Pour être plus précis, il s'est *perdu* par le chômage. Dans un pays où la valeur d'un individu se mesure à sa “production” sociale, la souffrance de mon père était terrible. Peu à peu, il devint alcoolique et notre vie de famille, jusque-là superficiellement harmonieuse, bascula dans l'enfer. Mes parents ne cessèrent plus de se disputer. Mon père se vengea… en trompant ma mère. Nous nous sentions impuissants. En moi grandit une haine contre mon père, contre la société qui lui refusait du travail, contre les étrangers qui, chez nous, en avaient. Par des amis, je découvris une association de nationalistes qui prônaient des idées néonazies ; leurs propos étaient comme un baume sur mon cœur déchiré. Plus tard, je fus mis en contact avec des groupes pratiquant l'occultisme et la magie. Nous nous réunissions dans le plus grand secret pour capter des forces et pour envoûter ceux qui nous faisaient obstacle. Une fois, nous avons invoqué le diable ; des événements surnaturels se sont produits qu'aujourd'hui encore je ne m'explique pas. Nous étions fascinés et... traumatisés. Il y avait en moi à la fois une rage de vivre et des pensées de plus en plus suicidaires.

« Ma mère, meurtrie dans sa vie de couple et de famille, sentait nos dérives. Étonnamment, elle ne perdit pas sa foi en Dieu, elle continua à prier pour nous. Un jour, je rencontrai un chrétien d'une Église protestante indépendante. Il me parla de Jésus, qui peut nous "sauver", nous libérer de nos haines et nous offrir une "vie nouvelle". Sans même savoir pourquoi, je haïssais les Églises et leurs messages. De son Jésus, je ne voulais pas entendre parler ; néanmoins, j'acceptai le Nouveau Testament qu'il me remit. Plusieurs mois plus tard, alors que je touchais le fond du désespoir, une parole de ce jeune me revint en mémoire. Ce Jésus aurait affirmé : "Demandez, on vous donnera ; cherchez, vous trouverez ; frappez, on vous ouvrira. En effet, quiconque demande reçoit, qui cherche trouve, à qui frappe on ouvrira. Ou encore qui d'entre vous, si son fils lui demande du pain, lui donnera une pierre ? Ou s'il demande un poisson, lui donnera-t-il un serpent ? Si donc vous, qui êtes mauvais, savez donner de bonnes choses à vos enfants, combien plus votre Père qui est aux cieux donnera-t-il de bonnes choses à ceux qui le lui demandent" (Matthieu 7,7-11).

« Comment croire qu'un Père céleste pouvait être bon

envers moi alors que mon propre père terrestre avait atteint une telle déchéance ? Le pire qui puisse arriver à un jeune, c'est de perdre son estime pour ses parents. J'étais acculé soit au suicide, soit à essayer ce secours. Avec peu de foi, je priai ce Dieu inconnu "au nom de Jésus", comme le chrétien me l'avait appris. Sur le moment, il ne s'est rien passé. J'en étais presque soulagé. Mais, durant les semaines qui suivirent, je me rendis compte que quelque chose avait changé. Comme si une petite lumière avait été déposée dans mon obscurité. Un jour, une image me saisit. Je me vis dans une prison sombre, dégoulinante d'humidité et sentant le moisi. Un homme lumineux traversa mes barreaux et déposa une petite bougie dans ma cellule. Me prenant dans ses bras, il m'embrassa et me dit : "Je suis la lumière du monde." A côté de la bougie, il déposa une petite clef et devint invisible. Je compris que cette clef était celle de ma prison. Pendant des semaines, je fus comme paralysé : je ne voulais pas en sortir. Ou peut-être n'en avais-je pas la force. Une voix sournoise me susurrait sans cesse : "T'es foutu..." Et en même temps, je savais qu'une clef m'avait été donnée.

« Je ne veux pas abuser de votre patience. Sachez que je me mis à fréquenter l'Église évangélique du jeune homme dont je vous ai parlé. Là, ils prièrent pour moi et chassèrent même des forces démoniaques "au nom de Jésus". Peu à peu, je retrouvai une harmonie intérieure, une lucidité et une paix que je n'avais jamais connues. Je commençai alors des études de théologie protestante. Au fil des années, je pris quelque distance avec l'Église qui m'avait accompagné. Pourquoi ? J'admirais la foi de ses membres, mais certaines de leurs étroitesses me devenaient difficiles à supporter. Par mes études, je découvrais la complexité du monde, la richesse des textes bibliques, les diverses facettes de l'histoire des Églises. J'étais fasciné par l'orthodoxie et le catholicisme. Je partis alors pour Rome, à l'Institut pontifical, faire une thèse de doctorat sur l'histoire récente de l'œcuménisme depuis le concile de Vatican II. A un moment, j'hésitai même à devenir catholique. Mais comme j'étais tiraillé entre plusieurs confessions je choisis de rester protestant, en œuvrant de tout mon cœur à l'unité des Églises. Depuis quatre ans, j'enseigne à l'Institut œcuménique de Bossey, près de Genève. Comme vous le savez peut-être, cet institut est rattaché au Conseil œcuménique des Églises et cherche à former les responsables œcuméniques de demain, qu'ils soient ministres ou laïcs.

Le docteur Clément marqua un bref moment de pause. Comme s'il hésitait à poursuivre son témoignage. Puis il reprit :

– Le rabbin a dit hier que le christianisme était peut-être la religion du relèvement. Même si les premiers disciples étaient appelés les "adeptes de la Voie" (Actes 9,2), donc du chemin, ils sont certainement ceux qui témoignent dans leur vie de l'action d'une puissance de résurrection, de remise debout. Même – et surtout – quand les chutes sont douloureuses...

Ce fut presque dans un murmure qu'il confia alors :

– Quand mon fils de deux ans est mort dans un accident de voiture, je me suis senti comme amputé. A ce jour, ma blessure saigne encore. Et pourtant la vie continue et je sais, grâce au Christ, que le jour des grandes retrouvailles est proche.

En entendant cela, Alain Tannier sentit une bouffée d'émotions remonter en lui. Comme si c'était hier, il se souvint du décès de son propre enfant, onze ans déjà auparavant. Dans d'indescriptibles souffrances. Son impuissance d'alors et le silence de « Dieu » n'étaient pas pour rien dans son athéisme d'aujourd'hui.

Le fondateur du christianisme

– Comment vous présenter le christianisme ? En nombre, c'est la religion la plus importante de l'humanité, avec plus d'un milliard et demi d'adeptes. Mais, comme me le disait un ami, il y a trois sortes de mensonges : les petits mensonges, les gros mensonges... et les statistiques !

L'éclat de rire de l'assemblée était bienfaisant après le témoignage grave du chrétien.

– Les chiffres ne révèlent presque rien, si ce n'est l'extraordinaire diversité des contextes dans lesquels vivent les Églises. Le centre de gravité du christianisme n'est plus en Europe, mais il s'est déplacé vers l'Amérique latine, l'Afrique, voire vers certaines parties de l'Asie. A cette extension géographique, il faut ajouter le déploiement temporel. Qu'y a-t-il de commun entre les premiers chrétiens de Palestine, d'Asie Mineure ou d'Afrique du Nord et tous ceux qui ont fait l'histoire de l'Europe et de l'Amérique ? Quel est le point commun entre cette petite poignée de disciples à Jérusalem, il y a deux mille ans, et ces foules colorées sur les cinq continents qui portent avec fierté le nom de “chrétiens”, qu'ils soient catholiques, orthodoxes ou protestants ? Par-delà les voiles parfois opaques de leurs institutions humaines, terriblement humaines, il y a un cœur qui nous fait tous palpiter. Et ce cœur, c'est la personne de Jésus de Nazareth, que nous confessons comme le Christ, comme le Messie.

« Alors que les juifs et les musulmans se définissent dans leur attitude par rapport à Dieu en lui *rendant grâce* ou en se *soumettant* à lui, nous, chrétiens, nous trouvons notre identité en accueillant comme cadeau de Dieu pour l'humanité Jésus son Bien-Aimé.

« Faut-il le rappeler ? Jésus est d'abord un juif. Il a vécu parmi les siens au début de l'ère qui porte désormais son nom. Depuis toujours – ou est-ce peu à peu ? – il se sut envoyé privilégié de Dieu. Sa prière était juive, son habillement était juif, son enseignement était juif… mais tout était potentiellement "exportable", "universalisable". Ce que nous savons de lui se résume à peu de chose. A part quelques références chez des historiens comme Tacite, Suétone ou Pline le Jeune, notre connaissance de la foi des premiers chrétiens a surtout pour origine des sources chrétiennes. Cela n'est pas sans poser des problèmes pour les sceptiques. L'essentiel de notre compréhension vient donc de ce que nous appelons le "Nouveau Testament", ensemble d'écrits venus compléter, confirmer ou achever l'enseignement de la Bible juive, appelée peut-être à tort l'"Ancien Testament" : il vaudrait mieux parler de "Premier Testament". Formé de quatre Évangiles – ou récits de "Bonne Nouvelle" – qui racontent de manière multicolore qui était Jésus aux yeux de ses proches ainsi que de vingt-trois autres écrits, lettres ou enseignements, le Nouveau Testament est le livre le plus traduit au monde… Avec le Premier Testament, que nous continuons à lire, il forme la Bible chrétienne, dont le centre est l'action libératrice de Dieu, par Israël – son "fils premier-né" (Exode 4,22) –, par Jésus – son Fils bien-aimé (Marc 1,11) –, par l'Église – ses fils et filles adoptés (Galates 4,5).

« Mais qui est donc ce Jésus ? Cette question est peut-être la plus importante qu'un humain doive se poser. Selon les chrétiens, il y a quelque chose d'unique en lui. *Il est le seul à avoir été "ressuscité" d'entre les morts* – non pas "réanimé", car une telle personne attend encore la mort ; la "résurrection", c'est l'irruption de la Vie divine et éternelle dans la condition mortelle de l'humanité. Et Jésus est l'unique à avoir expérimenté cela. Tous les autres messagers de Dieu, aussi intéressants et précieux soient-ils, ont fini dans un tombeau. Les autres fondateurs de religion ont laissé derrière eux des enseignements peut-être inspirés et inspirants. Jésus lui-même est Vivant alors que je vous parle et sa présence agissante nous enseigne tous les jours jusqu'à la fin du monde. Telle est du moins notre conviction la plus intime. Et si cela s'avérait incorrect, notre foi serait vaine (1 Corinthiens 15).

« Si les chrétiens sont tellement attachés à Jésus, c'est parce qu'ils ont découvert dans sa personne le mystère de Dieu à l'œuvre en l'humain et présent de manière cachée jusque dans l'expérience de l'isolement, de l'absurde, de la souffrance et de la mort. Jésus est vécu comme notre *Pâque*, littéralement comme notre Passage dans toutes les impasses. Par sa vie, ses amitiés et son abandon, sa mort et sa résurrection, il a récapitulé la condition de tout homme et de toute femme. En lui, le divin s'est fait humain afin que l'humain puisse communier au divin…

Depuis un moment déjà, les délégués juif et musulman se sentaient mal à l'aise ; le docteur Clément l'avait perçu.

– Pour les juifs, Dieu se révèle en priorité par la Torah, que Moïse a transmise, et pour les musulmans par le Coran, que Mohammed aurait reçu de l'archange Gabriel. Pour les chrétiens, Dieu se révèle en priorité par la personne du Christ, dont les Évangiles sont les témoignages inspirés. Le christianisme est donc moins une religion du Livre que de la Personne.

La grâce et la foi

« Autre différence. Alors que les religions se définissent généralement par un "devoir faire" ou un "faites ceci" – ensemble de préceptes à suivre pour plaire à Dieu ou de pratiques à réaliser pour être si possible libéré –, le christianisme se définit d'abord par un "déjà fait" ou un "ceci a été fait", annonce de tout ce qui a déjà été accompli dans la personne de Jésus pour nous. Dans sa vie, Dieu nous a aimés le premier ; dans sa mort, Dieu nous a condamnés et pardonnés ; dans sa résurrection, Dieu nous a donné la vie éternelle. Et à cause de ces dons, les adhérents au Christ deviennent capables d'un "faire", d'une pratique gratuite. La valeur de l'humain selon Dieu n'est donc pas dans sa fidélité à une Loi ou à une méthode. Si tel devait être le cas, certains pourraient s'enorgueillir de la valeur de leur vie religieuse et mépriser les autres :

“Nous sommes meilleurs car nous suivons la Loi divine ou la Bonne Voie. Les autres sont inférieurs, car ils ne les suivent pas !” D’après la foi chrétienne, la valeur de tout être humain est inscrite dans la Bonté originelle et active de Dieu à notre égard, non dans des prouesses ou maladresses spirituelles. D’une certaine manière, le christianisme est l’anti-religion. Comme le disait le théologien Paul Tillich : “La foi, c’est accepter d’être accepté.”

« Dieu ne se laisse pas amadouer par notre piété si imparfaite et si inconstante. Il est souverainement libre. Et dans cette royale liberté, il s’est fait proche de nous. Majestueusement proche. Écoutez ce texte superbe de saint Augustin, qui dit sa jubilation d’être aimé : “Tard je t’ai aimée, Beauté si ancienne et si nouvelle, tard je t’ai aimée. C’est que tu étais au-dedans de moi, et moi, j’étais en dehors de moi ! Et c’est là que je te cherchais ; ma laideur se jetait sur tout ce que tu as fait de beau. Tu étais avec moi et je n’étais pas avec toi. Ce qui loin de toi me retenait, c’étaient des choses qui ne seraient pas, si elles n’étaient en toi. Tu m’as appelé, tu as crié, et tu es venu à bout de ma surdité ; tu as étincelé, et ta splendeur a mis en fuite ma cécité ; tu as répandu ton parfum, je l’ai respiré et je soupire après toi ; je t’ai goûtée et j’ai faim et soif de toi ; tu m’as touché, et je brûle du désir de ta paix.”

Christian Clément ferma les yeux et un large sourire illumina son visage. Comme s’il jouissait en lui-même d’une fontaine de joie.

Une charte fondamentale

– Loin d'être condamné à la passivité, le chrétien est conscient de l'amour de Dieu pour lui et par tout son être cherche à le faire rayonner dans ses relations. Sa charte de vie est récapitulée dans une proclamation qui est appelée les "Béatitudes" – les raisons et les conditions d'un vrai bonheur – et qui se trouve dans le Sermon sur la montagne (Matthieu 5-7). Voici comment André Chouraqui a traduit la version de l'Évangile de Luc (6,20-26) :

> "En marche, les humiliés ! Oui, il est à vous,
> le royaume d'Élohim !
> En marche, les affamés de maintenant ! Oui,
> vous serez rassasiés !
> En marche, les pleureurs de maintenant ! Oui,
> vous rirez !
> En marche, quand les hommes vous haïssent,
> vous bannissent, vous flétrissent,
> et jettent dehors votre nom comme criminel,
> à cause du fils de l'homme !
> Jubilez, ce jour-là, dansez de joie ! Voici :
> votre salaire est grand au ciel ! Oui,
> cela, leurs pères l'ont déjà fait contre
> les inspirés.
> Cependant, oïe, vous les riches ! Oui,
> vous avez déjà pris votre réconfort !
> Oïe, vous les repus de maintenant ! Oui,
> vous serez affamés !
> Oïe, vous les rieurs de maintenant ! Oui,
> vous serez endeuillés et vous pleurerez !

Oïe, vous, quand tous les hommes vous célèbrent !
Oui, leurs pères ont fait de même avec
les faux inspirés.
Mais, vous, entendeurs, je vous dis :
Aimez vos ennemis, faites du bien à vos haineux !
Bénissez vos maudisseurs, priez pour vos décrieurs !"

« Ce que j'aime en Jésus, c'est qu'il a été à la fois un mystique cultivant sa communion avec Dieu le Père et un critique des injustices humaines, un enseignant de vérités ultimes et un thérapeute des déchirures intimes.

Par le ton de la voix du docteur Clément, le public sentit combien le délégué chrétien avait lui-même été touché par une force de guérison, qui cicatrise sans faire oublier les malheurs subis et qui fortifie sans éradiquer les fragilités de la vie.

– Notre monde est à la fois un jardin bienfaisant et un immense champ de batailles. Que de blessés autour de nous ! Il y a tous ceux et toutes celles qui se sentent laids de corps ou de cœur, parce que aucun regard d'amour ne les a délivrés de leur propre mépris d'eux-mêmes. Il y a tous ceux et toutes celles qui se sentent isolés et abandonnés, parce que aucune famille ou communauté ne leur a donné un sentiment d'appartenance. Il y a tous ceux et toutes celles qui sont exploités et privés de leurs droits, parce que des profiteurs, patrons ou spéculateurs, savent impunément tirer des bénéfices immérités d'un système économique injuste. Mais le Christ n'est pas indifférent à toutes ces souffrances, bien au contraire. Par nous, il veut communiquer la guérison et restaurer des relations heureuses.

« Un chrétien, c'est donc toute personne qui laisse vivre le Christ en elle, pour sa joie et celle de ses proches. L'apôtre Paul a pu écrire : “Avec le Christ, je suis un crucifié ; je vis, mais ce n'est plus moi, c'est Christ qui vit en moi. Car ma vie présente dans la chair, je la vis dans la foi au Fils de Dieu qui m'a aimé et s'est livré pour moi” (Galates 2,19-20). Au centre de la vie d'un chrétien, il n'y a donc pas un livre, ni même un homme, mais bien Dieu, tel qu'il s'est révélé, et continue à le faire, en Jésus-Christ.

Un tableau de synthèse

Christian Clément se leva alors et se dirigea vers un rétroprojecteur. Sur le transparent, il écrivit en lettres majuscules J É S U S C H R I S T et compléta chacune des lettres par les mots suivants :

J uif	C rucifié
É lohim	H umain
S auveur	R essuscité
U nique	I ncarné
S olidarité	S aint-Esprit
	T ri-unité

– Comme je l'ai dit, en plein accord avec le rabbin, Jésus ne peut être bien compris hors du monde *juif*. Son nom – Yéchoua ou Yehochoua – est juif et veut dire “Yahweh sauve”. Son Livre saint, la Torah, est juif. Tous ses premiers disciples aussi.

« *Élohim* – comme *Allah* en arabe – nous rappelle que Dieu est l'Être qui gouverne, légifère et juge. Mais il est aussi et principalement le *Sauveur*, Celui qui dans sa compassion et sa miséricorde intervient dans l'histoire car il entend les souffrances des humains. Ce Dieu est *Unique* et *Un*, et c'est lui qui doit être écouté et aimé. Comme vous le savez probablement, Jésus a résumé toute la Loi par ces deux commandements du Premier Testament (Deutéronome 6,4-5 et Lévitique 19,18) : "Le premier, c'est : Écoute, Israël, le Seigneur notre Dieu est l'unique Seigneur ; tu aimeras le Seigneur ton Dieu de tout ton cœur, de toute ton âme, de toute ta pensée et de toute ta force. Voici le second : Tu aimeras ton prochain comme toi-même. Il n'y a pas d'autre commandement plus grand que ceux-là" (Marc 12,29-31).

« Parce que Dieu est *Solidaire* des humains, et qu'il fait Alliance avec nous, nous sommes appelés à être solidaires de lui, des autres, de tous les autres, amis ou ennemis, rois ou exclus, croyants ou incroyants. Comme Jésus a été solidaire de Dieu son Père et de nous ses frères et sœurs. C'est pourquoi chaque Église locale devient une famille de solidarité en communion avec l'Église universelle, signe pour l'humanité du projet de Dieu pour tous.

« Ce que je viens juste de dire ne devrait pas trop choquer un juif ou un musulman. Ce qui nous différencie, ce sont les attributs de la seconde colonne.

« Selon les Évangiles, Jésus a été *crucifié*, ce que l'interprétation habituelle du texte coranique conteste. Or, pour la foi chrétienne, cela est capital. En Jésus, Dieu le Fils a connu la mort, *comme* les autres humains. Il n'est pas resté dans la béatitude du ciel, loin des horreurs de ce monde. Non seulement il est devenu *humain* et a connu la condition humaine par son *incarnation*, mais il s'est aussi familiarisé avec la souffrance suprême par sa crucifixion. Mort, *comme* les humains, il le fut *par* des humains – qui ne voulaient entendre sa contestation de leurs abus de pouvoir – et *pour* les humains. Dans sa mort, Jésus a porté et emporté le mal, la maladie et la mort et nous a offert en don le pardon et la vie éternelle.

Le Bouffon bâilla de manière ostensible :

– Niaiseries, tout cela. En quoi la mort d'un autre peut-elle me libérer de la mienne ?

La mort du Christ en paraboles

Sans se laisser démonter par la question dédaigneuse du Bouffon, le docteur Clément lui répondit avec beaucoup de calme et de gentillesse :

– Deux paraboles pourront servir d'illustrations. Il était une fois un oiseau qui se fit capturer et enfermer dans une magnifique cage dorée. A aucun prix son nouveau maître ne voulait le relâcher, et cela malgré ses supplications déchirantes et désespérées. Las, l'oiseau demanda alors qu'au moins son grand frère soit averti de sa capture. La requête fut acceptée et un messager envoyé. A peine entendit-il cette triste nouvelle que, de chagrin, l'oiseau aîné tomba raide mort. Le messager revint vers l'oiseau capturé et lui annonça en retour cette mauvaise nouvelle. En l'apprenant, celui-ci à son tour soudainement expira. Lorsque le maître malveillant fut informé des événements, il ne vit plus l'utilité de conserver un oiseau mort. Il fit donc ouvrir la cage et se débarrassa de sa proie. A ce moment précis, l'oiseau se réveilla et prit son envol. Perché sur une haute branche, il lui dit alors : “Quand on m’annonça que mon grand frère avait expiré, je compris par là même qu’il m’avait indiqué la voie de ma délivrance.” Seul un mort est délivré de la puissance de convoitise. De celle des autres comme d’ailleurs de celle qui est en lui. Pour vivre libéré du mal, il faut accepter de mourir… Grâce à la “mort” de son grand frère, l’oiseau s’envola libre et heureux.

« Pour nous, Jésus est celui qui nous a appris à mourir avant la mort afin de vivre déjà de la Vie à venir. En mourant aux tentations du monde, je cesse d’en être l’esclave. Or Jésus a fait plus que de nous montrer une voie. Il est devenu la nôtre.

« Écoutez cette autre parabole. Un juge bon et juste avait un fils qu’il aimait par-dessus tout. Un jour, des hooligans firent irruption dans la ville, pillèrent des magasins et brutalisèrent tous ceux qui cherchaient à leur tenir tête ; dans leur folie meurtrière, ils assassinèrent même des passants innocents. Attrapés par la police, ils furent conduits devant le juge. La loi du pays était formelle : ces hooligans méritaient la mort. Au moment du verdict, le fils du juge se leva et lui dit alors : “Ces jeunes, depuis leur petite enfance, n’ont pas connu l’amour d’une mère ou l’encouragement d’un père. Accepte que je sois condamné à leur place et adopte-les comme tes propres fils et filles. Alors seulement leur vie changera.”

« Devant la loi de Dieu, nous sommes tous des hooligans. En pensées, en paroles ou en actes, nous avons convoité, volé, dérobé, maltraité, brutalisé, assassiné. Pour nous, Jésus a porté le châtiment qui nous revenait. “En fait, ce sont nos souffrances qu’il a portées, ce sont nos douleurs qu'il a supportées, et nous, nous l'estimions touché, frappé par Dieu et humilié. Mais lui, il était déshonoré à cause de nos révoltes, broyé à cause de nos perversités : la sanction, gage de paix pour nous, était sur lui et dans ses plaies se trouvait notre guérison" (Ésaïe 53,4-5). Luther a pu dire que le plus grand assassin, voleur, adultère, escroc de tous les temps était... Jésus, car il a pris sur lui nos fautes et nous a donné en échange sa pureté, son innocence et sa justice.

Le Bouffon avait baissé les yeux et le public observait un silence intense.

– Ainsi le Christ a-t-il été *crucifié* pour nous. Plus, il a été *ressuscité*, afin que le monde sache que le pardon de Dieu est plus grand que les offenses et que la vie de Dieu est plus forte que la mort. A ce propos, avez-vous bien observé la lune ?...

Le Roi et le Sage se raidirent sur leurs fauteuils.

– Chaque mois, elle disparaît de notre vue pendant trois nuits pour réapparaître ensuite et croître jusqu'à sa pleine stature. Elle est un magnifique symbole du Crucifié : mort pour nous, il est ressuscité et réapparaît le troisième jour pour illuminer nos vies. Comme le Christ, comme la lune, il nous faut accepter de mourir, d'être allégés de nos encombrements et dépouillés de nos convoitises, afin de pouvoir renaître libres et rayonnants.

Le Roi ne savait pas s'il devait se réjouir de cette parole ou au contraire s'en désoler, tellement cela lui paraissait difficile d'accepter de « mourir » pour pouvoir « revivre ».

Christian Clément termina sa présentation par ces mots :

– Célébrer l'Incarné, c'est la fête de Noël; célébrer le Crucifié, c'est celle de vendredi saint; célébrer le Ressuscité, c'est celle de Pâques. Or tout cela serait impossible sans le soutien du *Saint-Esprit*, célébré durant la fête de la Pentecôte. Le Saint-Esprit est la vie même de Dieu qui vient animer le chrétien et l'Église afin d'y faire croître la Présence du Christ. Son œuvre est de nous rendre moins opaques à la lumière du Ressuscité qui brille déjà en nous.

« Si Dieu le Père est l'au-delà de nous et Dieu le Fils l'approchant de nous, l'Esprit est l'au-dedans de nous et cette sainte *Tri-unité* est le mystère central de la foi de tous les chrétiens. Au centre de tout, il y a ce mystère magnifique, cette symphonie inimitable, cette communion indépassable du Dieu trois fois saint. Et c'est après cette harmonie divine, faite d'intimité et d'identités respectées, que soupirent les cœurs de tous les humains qui, en vain, la cherchent sans Dieu, dans un couple ou une famille, une communauté ou une nation. La délicatesse et la tendresse de Dieu sont offertes à tous. Encore nous faut-il les accueillir et y *croire*, nous confier en elles et y adhérer de tout notre être.

« Pour terminer, une dernière parole du Nouveau Testament, qui récapitule ce que j'ai essayé de balbutier: "Dieu a tant aimé le monde qu'il a donné son Fils, son unique, pour que tout homme qui croit en lui ne périsse pas mais ait la vie éternelle" (Jean 3,16). Je vous remercie pour votre écoute.

Confrontations

Pendant la pause, il régna une atmosphère chaleureuse, empreinte de cordialité et de simplicité. Peu à peu, les craintes s'étaient dissipées, cédant la place à une joyeuse convivialité.

Bible et Coran

Le musulman fut le premier à interpeller Christian Clément :

– Parmi les religions du monde, il y en a deux qui, de façon explicite, ont une estime profonde pour le prophète Jésus, que nous appelons *'Isa* – paix et salut soient sur lui. Vous, les chrétiens, cela va de soi, vous lui êtes intimement attachés. Mais personne ne doit oublier que nous, musulmans, nous lui reconnaissons une immense valeur. "Verbe de Dieu", "Messie fils de Marie", "Serviteur de Dieu" : nombreux sont les titres qui lui sont attribués dans le Coran. Il est vrai, nous ne voulons pas le déifier, car cela serait une atteinte impardonnable à la majesté d'Allah. Dieu n'a pas de fils. Il est l'Un et l'Unique. Je dois bien admettre, cependant, que le Nouveau Testament, tel que vous le lisez, lui confère des qualificatifs qui nous sont étrangers, voire nous choquent. J'ai dès lors trois questions à vous poser. Premièrement, vos écrits sont-ils fiables ? Certains de vos théologiens n'ont-ils pas démontré qu'ils étaient très tardifs ? Deuxièmement, en théologie islamique nous affirmons que Jésus a annoncé la venue de Mohammed. Pourquoi n'en avez-vous pas parlé ? Enfin, comment expliquez-vous que dans votre Bible les prophètes puissent être si imparfaits, voire abandonnés de Dieu ? Pour nous, cela est impensable.

– Je remercie le cheikh pour ses questions si ouvertes et si fondamentales. L'inspiration de la Bible et du Nouveau Testament constitue un vaste sujet. Il est vrai que nous ne possédons pas l'original de la Bible, qui, je vous le rappelle, est une vaste bibliothèque. Néanmoins, nous disposons en tout de quelque vingt mille copies anciennes du texte. Certaines sont longues et presque complètes, tels les manuscrits appelés le Sinaïticus et le Vaticanus ; ceux-ci datent du IVe siècle de notre ère et contiennent presque toute la Bible, avec le Premier Testament dans sa traduction grecque. D'autres sont des fragments beaucoup plus anciens, tel le papyrus de Rylands, qui date du début du IIe siècle et contient quelques versets de l'Évangile de Jean. Pour le Nouveau Testament seul, on recense environ cent mille variantes. Cela peut vous surprendre. Et pourtant les différences portent sur des détails et ne changent pas le sens fondamental des écrits. Par une minutieuse comparaison des différences, il est possible de reconstituer un texte très fiable, reconnu sans contestation par toutes les Églises. Pour mémoire, je vous rappelle qu'aucune œuvre de la littérature classique, qu'elle soit grecque ou latine, n'est aussi bien attestée que la Bible. L'œuvre de Platon, par exemple, n'est connue que par deux manuscrits en mauvais état, postérieurs de douze siècles à leur auteur. On vient de découvrir les plus anciens manuscrits connus du bouddhisme et ils datent de cinq siècles après la mort de son fondateur…

– Le Coran, en revanche, est bien mieux attesté ! interrompit le cheikh.

– Il est vrai que votre texte, d'un point de vue chronologique, est plus proche de ce que Mohammed a récité, même si les originaux sur lesquels la prédication orale a été retranscrite – omoplates, morceaux de parchemin, débris de poterie… – ont été perdus et que, sous le règne du troisième calife Uthmân, un travail d'harmonisation et d'élimination des variantes jugées fausses eut lieu. Cela dit, une proximité chronologique ne signifie pas encore inspiration et transmission infaillibles ! Je peux transmettre parfaitement les propos d'une personne, mais cela ne me dit encore rien sur la qualité ou l'inspiration de ces propos. Le chrétien a cette confiance que, si le Christ est ressuscité, il a aussi veillé à la bonne rédaction et à la fidèle transmission des Évangiles et des Épîtres qui parlent de lui.

– Mais c'est un argument sans valeur ! cria quelqu'un du public. Pour croire que le Christ est ressuscité, vous vous basez sur les Évangiles… et pour croire en la valeur des Évangiles, vous présupposez sa résurrection. C'est un cercle vicieux !

– Ou alors un cercle vertueux ! Je ne demande à personne de croire de manière aveugle au contenu du Nouveau Testament. Mais par la découverte de ces textes et de leurs auteurs, il revient à chacun de lui accorder sa confiance ou non. Pour nous chrétiens, les textes de la Bible sont nés d'une interaction entre Dieu et des auteurs très différents. Nous considérons aussi que la Révélation s'opère moins dans un texte en tant que tel que dans des nouvelles relations avec Dieu et son prochain. Les Écritures saintes sont avant tout des témoignages inspirés et des interprétations fiables de ce que Dieu a opéré et souhaite encore opérer, de ce que son peuple a expérimenté et que nous aussi pouvons découvrir. Je vous rappelle que la Bible est certainement celui des textes sacrés de l'humanité qui a été le plus soumis à la critique de la raison humaine, par des croyants *et des incroyants*, et que malgré cela, ou grâce à cela, il demeure digne de confiance. J'admets cependant que tous ne partagent pas cet avis.

Alain Tannier hésita à intervenir, mais il se retint.

– Quant à l'annonce de Mohammed dans la Bible, c'est un sujet de controverse qui est fort ancien. Dans l'original grec des Évangiles, il est rapporté que Jésus a annoncé la venue après lui d'un *paraklètos*, c'est-à-dire d'un consolateur, d'un assistant. Or Mohammed, en arabe, a le sens de "celui qui est loué" et, traduit en grec, cela peut donner *periklutos*. En passant, permettez-moi de dire ma profonde admiration pour le Prophète de l'islam, car les premières paroles du Coran, après l'invocation, sont précisément : "*Louange* à Allah" – en arabe : *"el hamd(ou)li-llah"*, je crois –, Mohammed reconnaissant ainsi que la louange revient en priorité non à lui-même, mais à Dieu. Mais pour en revenir à votre question, la proximité des deux mots en grec a pu faire croire à certains musulmans que les chrétiens auraient transformé le *periklutos* prétendument originel en *paraklètos* ; et cela pour ne pas reconnaître l'annonce de Mohammed par Jésus. Pourtant, si l'on lit tout le Nouveau Testament, voire toute la Bible, la promesse et la venue d'un Esprit consolateur sont évidentes. Ayant dit cela, je ne pense pas que nous pourrons clore ce vaste débat aujourd'hui !

Ali ben Ahmed, en effet, resta sur sa faim.

– Enfin, pour en venir à votre dernière question, nous touchons là une autre différence fondamentale. Selon nous, chrétiens, Dieu ne libère pas spontanément ses envoyés de la souffrance ni ne les purifie automatiquement de leurs bassesses. Bien des prophètes de la Bible sont présentés avec leurs multiples défauts. En quoi ils nous ressemblent. S'ils sont des exemples pour nous, ce n'est pas par une absence de fautes, mais bien à cause de la transformation opérée par Dieu dans leur vie. La violence, l'adultère, la haine, le découragement, tout cela, les hommes de la Bible l'ont vécu. Et à cause de cela ils peuvent nous aider à surmonter nos propres défauts. Plus encore : Dieu le Fils, lui-même, a choisi d'être faible et fragile, rejeté et humilié afin de nous donner l'exemple d'un amour qui respecte l'autre jusque dans son refus de cet amour.

Maître et disciples

Avec passion, le rabbin prit la parole :

– Respecter l'autre, jusque dans son refus ! Quelle belle parole... et pourtant si peu appliquée par les Églises ! Même si Jésus était le Messie, je ne pourrais jamais accepter ce que ses disciples ont fait en son nom. Non seulement à nous les juifs, mais aussi aux peuples indigènes d'Afrique, d'Amérique et d'Asie. Et que dire des guerres fratricides entre chrétiens eux-mêmes ! Où est la cohabitation du loup et de l'agneau prophétisée par Ésaïe ? Dans l'attente de la paix et de la justice, je préfère encore attendre le Messie...

Christian Clément comprit que la violente réaction du rabbin cachait des souffrances vives qu'aucun discours humain ne peut guérir. Surmontant ses hésitations à sortir du silence, seule attitude appropriée face à une trop grande douleur, il dit néanmoins :

– Entre Jésus et ses disciples, l'Évangile et les Églises, il y a parfois un gouffre qui est notre honte. Je dis bien *notre* honte, car, en tant que chrétien, je ne peux ni ne veux me désolidariser de ce peuple. Bien plutôt, nous avons à apprendre de nos échecs. Comment nos textes inspirés, mais mal interprétés, peuvent-ils générer des comportements inacceptables ? Pourquoi les institutions ecclésiales, lorsqu'elles accèdent au pouvoir politique, tendent-elles à pervertir leur message ? Comment la perspective de l'enfer, perçue comme la souffrance suprême, a-t-elle pu justifier de la part des Églises des violences inacceptables – commises par "amour" ! –, et tout cela afin que les sorcières, les hérétiques, les infidèles et les incroyants échappent à cette violence à venir ? Ce long travail pour relire notre histoire, jamais achevé, est ma réponse à votre juste indignation. Il ne réparera jamais le mal commis mais peut-être empêchera-t-il qu'il ne se reproduise…

Christian Clément savait bien que le christianisme n'avait pas le monopole des erreurs et des horreurs. Il eut même envie de demander au rabbin comment celui-ci voyait la mise en pratique des valeurs juives en terre d'Israël depuis que son peuple avait de nouveau accès au pouvoir et à la gestion d'un État. Mais il se retint. Il y avait encore trop de poutres dans les yeux des Églises pour qu'elles osent évoquer les pailles dans ceux de leurs partenaires.

Dieu et la souffrance

Maître Rahula demanda la parole :

– La compassion et le respect de l'autre sont des valeurs que nous, bouddhistes, cherchons aussi à mettre en pratique. Néanmoins, je ne comprends pas ce que vous avez voulu dire en évoquant la fragilité, voire l'humiliation de “Dieu”. Comment la Réalité suprême pourrait-elle souffrir ?

– Les chrétiens ne considèrent pas que l'absence de souffrance soit la valeur ultime de l'univers. Puisque Dieu est Amour, comme nous le dit l'apôtre Jean (1 Jean 4,8), et que son Amour est tel qu'il ne s'impose pas mais se propose, alors cet Amour est inséparable d'un rejet possible. Aujourd'hui encore, Dieu souffre en voyant les souffrances des humains. Que dis-je ? Non seulement il voit nos blessures, mais il s'identifie à elles. Dieu est meurtri dans chacune des meurtrissures humaines. Selon une parabole bien connue, Jésus a affirmé qu'il était solidaire des affamés, des assoiffés, des étrangers, des dépouillés, des malades, des prisonniers (Matthieu 25,31-46). Je crois qu'il était présent dans les suppliciés de Treblinka et d'Auschwitz, dans les enfants africains mutilés et meurtris dont Alain Tannier nous a parlé, dans les massacrés du Cambodge, du Soudan, de l'ex-Yougoslavie, du Rwanda et de tant d'autres pays encore… En pensant à tous ces humiliés, il me semble que la célèbre prière “Notre Père qui es aux cieux” pourrait être prolongée par un “Notre Ami qui es dans le cœur des humiliés” :

"Notre Ami qui es dans le cœur des humiliés,
Que leurs noms soient bien-aimés,
Que ta justice advienne,
Que ta volonté soit fête en eux comme elle l'est
en Dieu,
Donne-nous aujourd'hui notre élan quotidien,
Pardonne-nous nos indifférences, comme
nous pardonnons aussi leurs insuffisances,
Et ne nous laisse pas sombrer dans la résignation,
Mais délivre-nous du malheur,
Car c'est par toi que nous viennent
La justice, le service et la joie,
Pour aujourd'hui et pour les siècles des siècles,
Amen."

Spontanément, une partie du public applaudit et une autre siffla. Christian Clément sentit en lui-même que toute modification d'une habitude religieuse peut être accueillie avec joie ou avec mépris, être interprétée comme la liberté de l'Esprit ou comme un blasphème contre l'acquis.

L'unique et le pluriel

Le swami Krishnânanda se leva avec noblesse. La foule fit silence.

– La plupart des juifs et des musulmans ne peuvent tolérer l'idée de l'Incarnation, que Dieu puisse habiter dans un être humain. Pour les hindous, Dieu est présent partout, dans tout l'univers, en tout être. Qu'il ait habité en l'homme Jésus, cela ne nous fait aucune difficulté.

Nous aussi le considérons comme un maître qui a réalisé en lui la présence de l'Infini. Ce qui nous heurte dans le christianisme, c'est son refus de la pluralité et son insistance sur l'unicité. Alors que les chrétiens affirment que Dieu ne s'est incarné qu'en Jésus seul, nous affirmons qu'il ne cesse de s'exprimer dans tous les êtres ; alors que les chrétiens considèrent qu'à l'homme il n'est donné qu'une seule existence, nous sommes convaincus que son périple se déroule en de multiples vies et renaissances ; alors que les chrétiens pensent que ce monde-ci est unique, nous croyons qu'il ne constitue qu'une étape d'un interminable cycle ; alors que les chrétiens affirment que Jésus seul nous sauve, nous sommes persuadés que les voies de salut sont extraordinairement multiples. D'où vient donc votre insistance presque exclusive sur l'unique ?

Le docteur Clément remarqua alors dans le public le jeune homme qui, précédemment, avait interrompu le débat pour affirmer avec force que le salut n'est qu'en Jésus seul. Il serrait dans ses mains crispées une grosse Bible comme d'autres s'agrippent à leur fusil de chasse. Il se souvint avec tristesse de la violence avec laquelle des chrétiens puristes l'avaient traité de « faux docteur » parce qu'il avait essayé de faire comprendre dans une conférence combien le « dialogue interreligieux », sans confusions ni exclusions, était important aujourd'hui.

– Dans la Bible, comme probablement dans toute tradition religieuse, il y a des enseignements de type universaliste qui reconnaissent la présence de Dieu hors de toute frontière et des enseignements de type particulariste qui confessent avec clarté l'action de Dieu dans des lieux privilégiés. Selon les Églises, les personnes, et la maturité de la foi, tel aspect de l'enseignement sera mis en évidence aux dépens d'autres. Que la vie de l'être humain soit concentrée en une seule existence sur terre et renouvelée une seule fois dans un au-delà qui nous échappe, avec Dieu, ou sans lui, cela n'est pas spécifique aux seuls chrétiens : juifs et musulmans dans leur grande majorité l'affirment aussi. Cela vient de notre compréhension de l'être humain comme synthèse unique d'un esprit, d'une âme et d'un corps. Parce que l'humain est un corps animé et non une âme incarnée qui pourrait se réincarner à l'infini, il est précieux dans son unicité, et c'est dans son corps qu'il est appelé à ressusciter. Quant à Jésus, vous avez raison de vous interroger sur l'unicité que nous lui reconnaissons. Et pourquoi donc ? Jésus seul est-il Sauveur, Messie, Fils de Dieu ? Selon le Nouveau Testament, il y a quelque chose d'unique dans sa vie, sa mort et sa résurrection que nous ne pouvons ignorer. Voici pourtant ce que je dirais, même si cela peut choquer certains de mes coreligionnaires : chacun de nous est créé à l'image de Dieu (Genèse 1,26), mais ce qui nous différencie de Jésus "image du Dieu invisible" (Colossiens 1,15), c'est notre *degré de transparence*.

« La filialité divine voire la messianité – littéralement, l'onction de Dieu pour une œuvre spécifique – existent partiellement en tout être. Mais Jésus est celui en qui nous reconnaissons la transparence la plus grande à l'action de l'Esprit-Saint. Il est la Personne en qui Dieu agit par excellence, mais cela ne veut pas dire que Dieu n'agisse qu'en lui. Il est celui qui nous offre le pardon divin, mais cela ne veut pas dire que Dieu ne s'est exprimé que par lui. L'Esprit-Saint est libre d'agir où il veut et comme il veut. Ce que nous confessons, c'est qu'en Jésus la transparence est maximale, et parce que Dieu le Fils éternel a habité en lui, il a pu nous révéler au mieux Dieu son Père. “Celui qui m'a vu a vu le Père” (Jean 14,9). A cause de l'unicité de Jésus et de chaque être, le particulier prend pour nous une valeur infinie. Nous nous méfions des grands systèmes et des cycles qui dilueraient l'importance fondamentale que nous sommes appelés à accorder à chaque personne individuelle.

Le sage hindou se rassit sans dire un mot. Son silence témoignait d'un désaccord, voire d'une blessure que le public sentit confusément. Christian Clément hésitait encore à reprendre la parole pour s'expliquer que déjà le professeur Tannier s'était levé pour le confronter. Il y avait une force et une détermination dans son regard qui n'échappèrent à personne.

Attaque de l'athée

– Me voici le dernier à prendre la parole. Moi, le Judas contemporain du christianisme, le renégat, le contradicteur. Ce que je hais dans cette religion, c'est son arrogance déguisée en humilité, son intransigeance métamorphosée en accueil de l'autre. Ses théologiens ne sont que des caméléons – que dis-je ? des caméléons amoindris et assoiffés de prestige, et toujours en retard sur leur temps. Quand le dialogue et la tolérance sont devenus des valeurs reconnues par tout homme éclairé, alors leurs scribes ont dépoussiéré leurs livres de doctrines et de morale pour en exciser tous les enseignements fanatiques. Quand la libération de la femme et la protection de l'environnement sont devenues des préoccupations majeures de toute personne responsable, alors leurs pharisiens ont cessé de mentionner ce qui dans leurs textes justifiait la soumission des épouses et la domination sur la création. Quand des défenseurs des droits des peuples se sont élevés contre les injustices sociales et politiques, alors leurs doctes penseurs ont inventé des théologies de la libération. Messieurs, quand serez-vous *en avance* d'une guerre ? Quand cesserez-vous de flirter avec le pouvoir pour le subvertir et pour y asseoir vos propres intérêts ? Quand serez-vous enfin ce que vous prétendez être, des témoins de la vie nouvelle, en interpellant trafiquants d'armes et patrons de multinationales, banquiers sans éthique et proxénètes sans scrupule ? Vos silences sont coupables et vos paroles incapables d'améliorer ce monde, le seul que nous puissions connaître en deçà de vos hasardeuses spéculations.

Avec dédain, Alain Tannier se rassit sans attendre la moindre réponse à sa véhémente diatribe. Même le Bouffon fut surpris par la violence de ses propos. Après une interminable minute de silence, le modérateur demanda à Christian Clément s'il souhaitait encore s'exprimer.

Hésitant une fois de plus, il murmura ces mots :

– Il y a le Christ et les chrétiens, la Bible et les théologiens, Dieu et les institutions. Certes, on ne peut pas totalement les opposer ni non plus les identifier. Par sa croix, le Christ a critiqué radicalement tout ce que l'humain a réalisé. Jusque dans vos critiques, monsieur Tannier, retentit peut-être en écho la voix de notre Seigneur…

« Bien sûr, je pourrais vous rétorquer que les chrétiens n'ont pas seulement été à la traîne, mais aussi les promoteurs d'importants changements sociaux. D'Henri Dunant à Mère Teresa, en passant par Albert Schweitzer, Martin Luther King, Soljenitsyne et bien d'autres encore, nombreux sont les disciples du Christ qui ont consacré leur vie au bien de leurs contemporains. Bien sûr, je pourrais vous dire aussi qu'une tradition religieuse capable de s'adapter à l'évolution des sociétés où elle s'inscrit, en puisant dans ses textes ce qui lui est nécessaire, manifeste un dynamisme certain. Mais tout cela ce ne sont que des mots, des mots qui ne restituent pas ce que l'on a perdu...

Cette fin énigmatique troubla Alain Tannier. A quoi faisait-il allusion ? A sa fille, qui lui manquait si cruellement ? A sa foi, éteinte depuis de nombreuses années ? Intérieurement, il s'en voulut de s'être laissé emporter. Sa colère avait révélé une blessure qu'il croyait guérie. Le philosophe prit alors conscience qu'il y avait en lui une nostalgie. Mais de quoi ? Depuis qu'il avait opté pour l'incroyance religieuse, Alain Tannier s'était senti à la fois plus libre, plus adulte et plus seul. Plus personne n'avait le droit de s'immiscer dans ses pensées et de décréter au nom de Dieu ou de la Révélation en quelles entités invérifiables il lui fallait croire. Plus personne n'avait à lui proposer des valeurs éthiques à devoir mettre en pratique. Mais plus personne non plus ne donnait un sens à ses engagements, à ses découvertes ou à ses crises. C'est seul qu'il avait à assumer ses limites et l'éphémère de sa vie. Les « spiritualités laïques » proposées par certains lui paraissaient aussi fades et dénuées de sens que les rencontres amoureuses par ordinateurs. Faire

« comme si »... Comme si l'être humain était sacré, comme si naître, vivre, mourir avait un sens, comme si l'odeur d'un Dieu mort pouvait encore être du parfum... Que tout cela paraissait vain ! Et pourtant... Alain Tannier comprit alors quelle nostalgie, tel un trou noir, absorbait ses forces et ses ressources. C'était la *nostalgie de la confiance*, de celle qui, *sans naïveté religieuse*, subsiste envers et contre tout.

Le modérateur, constatant que l'heure du repas était arrivée, décida de clore la séance. La matinée avait été exceptionnellement longue et la dernière controverse épuisante. Avec soulagement, tous se rendirent à la grande tente, où un repas particulier les attendait.

Dernier repas

Comme plusieurs concurrents avaient annoncé leur départ pour le soir même, il fut décidé qu'un repas de fête leur serait offert à midi. Tous y participèrent.

Le Roi et le Sage ne parlaient que de lune, de mort et de nouvelle vie. Le Bouffon, lui, avait trop faim pour se laisser distraire par toute nourriture non matérielle. Il faut dire aussi que les cuisiniers avaient fait des prodiges. Des menus de plusieurs régions de la planète étaient servis sous forme de buffet, tout en respectant les règles alimentaires des différentes traditions religieuses. Le subtil mélange des odeurs et les caresses des saveurs constituaient une joie sensuelle indéniable.

Le hasard avait voulu qu'Alain Tannier et Christian Clément se retrouvent à la même table, l'un à côté de l'autre. Pour éviter toute discussion, chacun chercha à nouer une conversation absorbante avec son autre voisin. David Halévy, quant à lui, se sentait mélancolique : pas mécontent de pouvoir rentrer dans son pays, il était toutefois comme paralysé par une béance insatisfaite qui s'était ouverte en lui. Un rayon de lumière attira son regard ; semblable à un discret projecteur, il éclairait les convives se trouvant à l'extrémité de la table. David aperçut Amina et une bouffée de chaleur l'envahit. La jeune femme ne levait pas les yeux et semblait manger avec tristesse. Aux yeux du rabbin, son visage n'en était que plus beau. La main de David se mit à trembler légèrement. Que n'aurait-il donné pour pouvoir caresser sa joue et toucher un seul de ses cheveux ? Dans son obsession, il imagina même un stratagème : il se lèverait pour saluer l'imam et là, se retournant avec maladresse, sa main pourrait frôler le visage de la jeune femme… Avec force, il essaya de chasser de son esprit ces pensées stupides que jamais il ne pourrait réaliser.

– Alors, qu'avez-vous pensé de la prestation du chrétien ? demanda pour une seconde fois Rahula au rabbin, qui n'avait rien entendu.

– Intéressant, répondit de manière laconique David Halévy.

En fait, la figure de Jésus l'intriguait. Et si un jour il lui arrivait de reconnaître en Jésus autre chose qu'un prophète juif qui s'était trompé ou un rabbin hérétique que des disciples trop zélés avaient divinisé ? La question du bouddhiste ne fit qu'accentuer son désarroi. Pendant une fraction de seconde, il s'imagina dans une église en train de célébrer son mariage… avec Amina. Il visualisa même la manchette d'un journal : « DEVANT LE PRÊTRE, UN RABBIN ÉPOUSE LA FILLE D'UN IMAM. » Grotesque ! Afin de se changer les idées, David se leva pour aller regarnir son assiette. De nombreuses personnes en profitèrent pour le saluer et le remercier pour l'excellence de ses propos. Lorsqu'il put enfin accéder au buffet, il se retrouva côte à côte avec Amina, sa main à quelques centimètres de la sienne. Il hésita à diriger ses doigts vers les siens, fit un léger mouvement en sa direction, puis se retira aussitôt. La jeune femme fit semblant de n'avoir rien remarqué, tiraillée qu'elle était entre surprise et déception. Avec précipitation, le rabbin quitta la grande tente et s'en alla se promener jusqu'à la reprise de l'après-midi.

Sprint final

Le moment décisif du Tournoi était proche. Il régnait dans le cloître une sorte de gravité mêlée d'excitation. A quelle religion reviendrait la médaille d'or ? L'avenir du pays était suspendu aux décisions qui allaient se prendre.

Les visages des membres du jury étaient particulièrement sombres. Peut-être même certains accentuaient-ils leurs expressions pour bien signifier à tous que c'était sur leurs épaules que reposait le choix ultime.

Mais une décision inattendue surprit tout le monde. Le modérateur annonça une dernière épreuve, pour laquelle personne n'avait pu se préparer :

– Mesdames et messieurs, nous voici presque arrivés au terme de nos joutes. D'ici peu, le jury devra se prononcer et nous connaîtrons les médaillés de la Sagesse et de la Vérité. Mais avant de lui donner la parole, je veux proposer à nos vaillants concurrents une ultime épreuve. En accord avec le Roi, voici ce que je leur demande : que chacun d'eux synthétise en *deux mots* et *une minute* l'essentiel de ses convictions. Ce sera comme un sprint final, un cent mètres, qui, j'en suis persuadé, nous aidera tous, et le jury en particulier, à parfaire notre opinion.

Un brouhaha de stupéfaction et d'excitation remplit la salle.

– Je n'ai pas terminé, poursuivit le Sage. Il est exclu que l'un de ces deux mots soit le nom de la divinité ou de la Réalité ultime des diverses religions. Nous avons tous bien compris qu'Allah, Brahman, le tétragramme YHWH, la Tri-unité et la Bouddhéité étaient les centres respectifs de chacune des traditions religieuses qui nous ont été présentées. En deux mots, vous aurez donc à nous présenter l'essence de l'Essentiel, ce que chacun devra retenir de votre perception. L'ordre de présentation sera inversé par rapport à celui des épreuves. Je donne donc la parole en premier au docteur Clément.

Gêné, celui-ci demanda pour tous un temps de réflexion de cinq minutes, demande qui fut acceptée par le Sage. Un silence plein prit place peu à peu dans le cloître. Le Roi apprécia particulièrement ce temps de concentration, et, bien après la fin du Tournoi, il aimait à s'en souvenir avec émotion.

– Docteur Clément, la parole vous est donnée.

Se levant, celui-ci dit avec force :

– *Grâce* et *solidarité*. Voici les deux poumons de la foi chrétienne. J'aurais pu tout réunir dans le seul mot “amour”, mais il est trop usé pour éveiller encore de l'émerveillement. La *grâce*, c'est Dieu qui se penche favorablement vers tout être afin de tous nous entraîner dans sa joie. La *solidarité*, c'est Dieu qui s'allie définitivement avec l'humanité et la création tout entière afin de susciter des relations de justice et de tendresse. D'après les chrétiens, la grâce a culminé en Jésus-Christ, qui s'est solidarisé avec nous jusque dans la mort et l'a réduite à néant par sa résurrection. Il nous appartient dès lors, en tant que personnes et en tant que communautés, à laisser l'Esprit du Christ rayonner en nous, afin que cette grâce et cette solidarité deviennent visibles et réelles pour tous.

Sous les applaudissements du public, le chrétien reprit place.

– Rabbin Halévy, s'il vous plaît.

– La *sainteté* et la *fidélité* sont deux des attributs les plus importants au sein du judaïsme. "Soyez saints, car je suis saint, moi le Seigneur votre Dieu", est-il écrit dans la Torah (Lévitique 19,2). Dieu seul est *saint*, il est incomparable. Séparé du créé et différent de tout ce que nous connaissons, il nous appelle à établir des relations nouvelles avec lui et avec notre entourage. Nous avons à sanctifier son nom et nos existences par des comportements empreints d'amour, de justice et de fidélité. C'est parce que Dieu est *fidèle* à ses promesses et à son peuple que nous aussi pouvons exprimer de la fidélité dans nos différentes relations.

Furtivement, le rabbin jeta un coup d'œil vers Amina et fut troublé par le regard ouvert et souriant de la jeune femme.

– A vous, monsieur l'imam.

– Dans le Coran, la *miséricorde* et la *soumission* sont deux réalités fondamentales. Allah est *le Miséricordieux*. C'est lui qui a créé l'univers et a envoyé ses prophètes. Aux hommes divisés et rebelles, il a révélé son unité et sa justice, sa beauté et sa puissance. Par la *soumission* – *islâm* –, c'est-à-dire la restitution aimante de nos vies individuelles et sociales à Dieu, le monde peut retrouver son identité véritable et originelle.

Lorsque Ali ben Ahmed se rassit avec l'aide de sa fille, les applaudissements furent encore plus intenses que pour les concurrents précédents. Cet homme aveugle et humble était devenu particulièrement cher au public. Était-ce à cause de sa cécité ? Ou de l'absence de toute forme d'arrogance dans ses propos ? Ou encore parce que Amina était si discrète et si belle à ses côtés ? Aujourd'hui encore, on en discute dans le Royaume.

– Swami Krishnânanda, s'il vous plaît.

– *Liberté* et *immortalité* constituent l'essence de l'hindouisme. Dans notre monde déchiré et tiraillé entre le bien et le mal, la santé et la maladie, l'amour et la haine, la vie et la mort, notre aspiration profonde est celle de la *liberté*. Par la méditation, il est possible à chacun de découvrir son Soi véritable, libre de tous les esclavages et au-delà de tous les déterminismes. Or ce Soi, unifié voire identique à la Réalité suprême, est *immortel*. Par l'expérience, il est possible d'être libéré de la mort sous toutes ses formes et d'accéder à l'Immortel en nous.

– Merci. A vous, maître Rahula.

– D'après les enseignements du Bouddha, le *détachement* et la *compassion* sont ce dont les humains ont le plus besoin. Par ignorance et par convoitise, nous souffrons car nous nous attachons à ce qui n'a pas de consistance. Lorsque nous comprenons la vacuité du monde extérieur et intérieur, alors nous nous en *détachons*. Loin de devenir insensibles aux souffrances des autres, nous en percevons les causes avec plus de clarté. Par *compassion*, nous cherchons à enseigner la voie de la délivrance à tous les êtres, jusqu'à ce que la souffrance s'évanouisse complètement.

Après les applaudissements, le modérateur pria encore Alain Tannier de s'exprimer.

– En tant qu'athée, je ne puis parler qu'en mon nom propre. *Complexité* et *humanité* sont les deux mots qui me viennent à l'esprit. Une loi de la *complexité* peut être déchiffrée dans la tortueuse évolution de l'univers, produit du hasard et de la nécessité, d'innombrables mutations et de continuelles sélections. Des premiers quarks surgis il y a quinze milliards d'années lors du Big Bang aux cent mille milliards de cellules interconnectées dans un corps humain, un même et long processus de différenciations et d'assemblages, de spécialisations et de symbioses est perceptible. Du plus simple au plus élaboré, du chaos à l'ordre, de la matière à la vie, la complexité semble être à l'œuvre et peut-être œuvrera encore. Notre *humanité* est belle et fragile. Les noyaux atomiques de nos cellules ont été fabriqués au cœur des premières étoiles il y a plus de dix milliards d'années et nos molécules organiques, dans la soupe atmosphérique, il y a près de quatre milliards d'années. Les premiers hommes sont apparus sur la terre il y a à peine trois millions d'années et durant notre seul siècle nous sommes devenus capables d'inventer un arsenal nucléaire qui pourrait tous nous détruire. Tributaires d'une longue et mystérieuse histoire, nous avons à préserver notre humanité de ses forces d'autodestruction.

Plusieurs des concurrents furent frappés par le discours quasi religieux d'Alain Tannier, où la « loi » dont il avait parlé ressemblait étrangement à ce qu'eux-mêmes appelaient « Providence » ou « volonté divine ». Mais aucun ne voulut reprendre la parole, par crainte d'allonger le programme et surtout de susciter une polémique qui pourrait jouer en sa défaveur.

Un long silence s'établit. Le Sage, au lieu d'accomplir sa tâche de modérateur, paraissait absorbé dans ses pensées.

Ne tenant plus en place, le Bouffon s'écria :

– Ohé ! Au rythme où se produisent les mutations dans l'univers, à coups de millions voire de milliards d'années, il nous faudra attendre longtemps que quelque chose de significatif se produise ! Moi, par contre, je n'ai pas envie de croupir ici jusqu'à la prochaine épiphanie de la loi de la complexité !

Le Sage fit semblant de n'avoir rien entendu. D'ailleurs, il n'avait même pas écouté la remarque du Bouffon. En lui, une intuition avait jailli. Son premier réflexe fut de la partager ; il choisit, avec raison, d'attendre les résultats du jury. Après lui avoir accordé une demi-heure pour délibérer, il suspendit la séance.

Le jury se prononce

Les membres du jury revinrent avec beaucoup de retard. Ils paraissaient contrariés, voire fort énervés. Leur président prit alors la parole :

– Ô Roi, monsieur le modérateur, vous les dignes représentants des religions et de l'athéisme, mesdames et messieurs. Après la longue délibération du jury, il me revient la délicate tâche de vous rapporter notre décision.

Dans la salle, une nervosité certaine était perceptible.

– Après de véhémentes discussions, nous sommes arrivés à une pleine unanimité. La voici : il nous est totalement impossible d'être unanimes ! En fait, chaque concurrent a reçu une voix et nous ne voyons pas à quel représentant en particulier une médaille d'or pourrait être accordée. Pour tel membre du jury, l'hindouisme mérite la palme car il reconnaît le Divin partout. Pour tel autre, c'est l'islam car il contient la Révélation la plus récente. Pour un troisième, c'est le judaïsme car il est à la source des religions monothéistes. Pour un quatrième, c'est l'athéisme, car il permet d'éviter les pièges des idéologisations mythologiques. Pour un cinquième, c'est le bouddhisme, car il est le plus tolérant et le moins violent. Et pour le dernier, c'est le christianisme, car, tel le décathlon, il est le plus complet, même si, par discipline, il n'est pas le plus performant. Ô Roi, il vous appartient dès lors de départager et de prendre la décision finale.

Une fois de plus, dans le cloître, certains sifflèrent, n'appréciant pas cette pirouette, d'autres applaudirent, soulagés par cette non-décision.

Le Roi, pris de court par les votes du jury, eut l'idée de solliciter l'avis du Bouffon et celui du Sage avant de formuler son verdict.

Quand un Bouffon s'emmêle

Le modérateur craignait que le Bouffon ne commette un esclandre qui, de façon irrémédiable, gâcherait la fin des joutes. Mais, puisque le Roi lui-même avait sollicité son avis, il fallut bien lui laisser la parole.

Avec un sourire énigmatique, et Éloïse dans ses bras, le Bouffon se dirigea vers la fontaine :

– Il y a une année, j'ai fait un rêve dans lequel une main m'écrivait : "Comme le Roi et le Sage, tu dois mourir", et c'était signé "Dieu". Jusqu'à ce Tournoi, j'avais toujours considéré que la mort, comme le malheur et la maladie, c'était de la "M". Un de mes collègues Bouffons d'un autre pays m'avait d'ailleurs fait parvenir ce résumé fulgurant des religions :

• *L'hindouisme :* Cette "M" est déjà arrivée dans une vie antérieure.
L'hindouisme mystique : Quand tu es dans la "M", chante "OM".
• *Le bouddhisme :* Quand la "M" arrive, est-ce vraiment de la "M" ?
Le bouddhisme zen : Quel son fait la "M" quand elle arrive ?
Le bouddhisme du Grand Véhicule : Aime ceux qui sont dans la "M".
• *Le judaïsme :* Pourquoi la "M" m'arrive-t-elle toujours à moi ?
Le judaïsme religieux : Plus la "M" m'arrive, plus je m'arrime à ma Loi.
Le judaïsme areligieux : Plus la "M" m'arrive, plus ma Loi ne rime à rien.
• *Le christianisme :* Là où la "M" abonde, la paix de l'âme surabonde.
Le christianisme protestant : La "M" ne m'arrivera pas si je travaille davantage.
Le christianisme catholique : Si la "M" m'arrive, c'est que je l'ai méritée.

Le christianisme orthodoxe : La “M” arrive partout, sauf dans la sainte liturgie.
Le christianisme des sectes : Toc, toc. “La ‘M’ arrive”.
• *L’islam :* Accepte tout ce qui t’arrive, même la “M”.
L’islam des violents : Si la “M” t’arrive, emmène un otage.
L’islam des poètes : Quand tu es dans la “M”, ô homme, ne la hume pas.

Dans le cloître, nombreux furent ceux qui se levèrent pour huer le Bouffon. Le plus paisiblement du monde, celui-ci déchira en mille morceaux la feuille qu’il venait de lire.

– Quand la mort m’arrive, est-ce vraiment la mort ? Aujourd’hui, j’en doute, et ce doute m’a redonné la foi…

Le Bouffon retourna à sa place sous le regard interloqué des spectateurs

La synthèse du Sage

– Et toi, ô Sage, qu’as-tu à nous dire ? lui demanda le Roi.

– Dans mon rêve, il était dit : “Comme le peuple, ton Roi doit mourir.” Et c’était signé “AYN”. Quand le rabbin nous a appris qu’AYN signifie “NE PAS” et que c’est une des désignations de Dieu, j’ai été plongé dans la confusion. Et cela d’autant plus que le rêve du Roi était signé “ANY”, qui désigne le “JE” divin. Depuis lors, j’ai compris que le Dieu de la Bible est à la fois indescriptible, comme nous l’affirment les bouddhistes, et le “JE” suprême, comme en témoignent les hindous.

« Tout à l'heure, en écoutant les concurrents résumer en deux mots leurs croyances, j'étais de plus en plus intrigué : tant de différences séparent les croyants des athées, les religions sémitiques des religions orientales ; puis, comme un éclair qui déchire le ciel, j'ai eu une sorte de révélation : dans l'immense diversité des perspectives qui nous ont été présentées, il y a néanmoins un point commun qui les rassemble tous. J'ai oublié de vous dire aussi que, dans mon rêve, il y avait un post-scriptum plus qu'énigmatique qui disait : "Cherchez l'aiguille et vous vivrez." Le cheikh Ali ben Ahmed, dans sa merveilleuse parabole soufie, nous a donné la clef d'interprétation de ce mystère : l'aiguille recoud et relie alors que les ciseaux coupent et séparent. Cette image me conforte dans la révélation que j'ai mentionnée. Qu'y a-t-il donc de commun dans tout ce que nous venons d'entendre pendant ces quatre jours ? Je vais vous le dire : c'est la double expérience d'un *déliement* et d'un *reliement*. La Loi ultime de l'univers, c'est le mystère de l'Esprit qui différencie pour mieux unir et qui libère pour mieux relier. Cela est vrai dans la Tri-unité chrétienne, où le "Père" et le "Fils" sont à la fois différenciés et un. Cela est vrai aussi dans la loi de la complexité, où les particules se spécialisent et s'assemblent en des unités toujours plus complexes. Quand les bouddhistes évoquent la vacuité du monde et du soi, ils nous invitent à un déliement de nos convoitises et de nos ignorances pour entrer dans une réelle disponibilité. Et quand ils nous enseignent la compassion, c'est à un reliement sans liens avec tout ce qui "est". Quand les hindous nous stimulent pour aller au-delà de nos déterminismes et de nos égoïsmes, ils nous appellent à vivre libres de toute forme d'attachement. Et quand ils nous encouragent à expérimenter l'universelle et immortelle Présence divine, c'est à une nouvelle forme de relation avec tout être animé ou non. Quand les juifs, les chrétiens et les musulmans nous parlent de Dieu dans sa sainteté, son amour et sa puissance, ils nous invitent à ne pas être attachés au monde visible et à fuir toute idolâtrie de personnes humaines ou de biens passagers. Et quand les juifs, les chrétiens et les musulmans nous parlent de Dieu dans son unité qui a créé et aimé tous les êtres, ils nous invitent à vivre de nouvelles relations de proximité et de tendresse. La sainteté, la grâce et la miséricorde, comme la fidélité, la solidarité et la soumission sont autant de raisons et de moyens pour que nous expérimentions une libération face à tout ce qui nous tient prisonniers et une convivialité avec tout ce qui a été créé.

Dans la voix du Sage, il y avait comme une jubilation. Puis, peu à peu, son visage s'assombrit.

– Déliement et reliement, unification et différenciation, détachement et attachement, mort et résurrection, c'est le dynamisme même de l'Esprit. Le malheur, c'est que, dans la plupart des traditions religieuses et des destinées humaines, ce mouvement est figé, voire bloqué. Au lieu d'approfondir cette expérience infinie, nombre de croyants et de non-croyants se détachent peut-être de certaines choses superficielles, mais ils s'attachent alors aveuglément à telle personne, à telle communauté, à telle nation, à telle théorie politique ou philosophique, à tel précepte religieux. Et, piège suprême, ils deviennent esclaves de biens immatériels comme la joie ou le salut, comme la liberté ou la solidarité. *Il n'y a rien de plus dangereux qu'un reliement figé.* Et c'est au nom de ces religiosités bloquées que l'on assassine, aujourd'hui encore… Au nom de la joie spirituelle, on a méprisé des joies humaines légitimes et au nom du salut on a massacré ceux qui n'en voulaient pas, ou ne le comprenaient pas. Au nom de la liberté posée comme absolu, on laisse impunies les pires formes de violation culturelle, économique ou sexuelle. Au nom de la solidarité érigée en exigence sociale, on a massacré toutes les personnes "aliénées" par leur esprit prétendument "embourgeoisé" et "capitaliste". Dieu est toujours plus grand que notre idée de Dieu et la réalité plus complexe que notre expérience de cette réalité…

Sur ces paroles, le Sage se tut, comme immergé dans ce qu'il venait de découvrir.

La décision du Roi

Le Roi se sentait fier de son Sage. Mais en l'occurrence sa brillante synthèse ne lui était guère utile. Dans les tournois, il y a toujours des médaillés, et pour le moment c'était mal parti. Décemment, il ne pouvait pas clore ces joutes comme si tout le monde avait perdu ou comme si tout le monde avait triomphé. Son jury avait failli à la tâche et l'avait laissé, lui le Roi, seul avec une lourde décision à prendre. Devait-il choisir une religion pour son pays, et si oui, laquelle ? Il se remémora alors son rêve : « Comme la lune, ton peuple doit mourir », et c'était signé « ANY ». Après les interventions du Bouffon et du Sage, il avait compris que la mort peut être un passage vers une vie plus riche, un acte de libération qui commence dans cette vie présente et se poursuit dans l'au-delà. Quant à la lune, maître Rahula en avait parlé en évoquant la fête bouddhiste du mois de mai, Ali ben Ahmed en l'explicitant comme symbole de la vie nouvelle, et surtout Christian Clément, en l'associant à la mort et à la résurrection du Christ.

Se levant alors avec prestance et dignité, le Roi prononça ces mots :

– Mesdames et messieurs, vaillants concurrents, nous voici arrivés au moment décisif de nos "JO". Après l'indécision du jury et la synthèse du Sage, me voici bien seul pour déterminer un vainqueur. Même si la tâche me paraît très rude, il me faut assumer mes fonctions de roi. Je dois vous dire que, tous, vous nous avez stimulés, interpellés, enseignés, éblouis. Quand je pense au rêve que j'ai eu, il est une religion qui me paraît spécialement adaptée, et c'est la religion…

Le public était suspendu à ses lèvres, les journalistes prenaient d'abondantes notes et plusieurs des concurrents avaient baissé leurs regards.

En quête d'inspiration, le Roi ferma ses yeux et entra en lui-même. Une image intérieure le saisit alors et pendant quelques secondes il fut transporté dans un univers dont il était peu familier. Il se vit dans la cathédrale désaffectée de son Royaume. Du fond de l'église, il aperçut un ministre qui célébrait la liturgie. Le pasteur – ou était-ce un prêtre ? – lisait devant un auditoire clairsemé un texte de l'Apocalypse. Le Roi eut envie de quitter ce lieu qui sentait le renfermé et duquel se dégageait une atmosphère pesante. Il fut comme retenu par une main invisible et écouta le texte proclamé par l'officiant. « Je suis l'Alpha et l'Oméga, le Premier et le Dernier, le commencement et la fin. Heureux ceux qui lavent leurs robes, afin d'avoir droit à l'arbre de vie, et d'entrer, par les portes, dans la cité » (22,13s). A ce moment-là, un filet d'eau jaillit du chœur de l'église. L'assistance, étonnée, se réveilla. Le ministre osa même interrompre la liturgie pour aller observer l'étrange phénomène. Peu à peu le débit se transforma en un flot impressionnant. Tous ceux et toutes celles qui furent aspergés par l'eau se mirent à sourire, voire à rire. Ils se sentaient comme rafraîchis par ce fleuve de vie et de joie. L'eau se mit alors à couler en abondance et se répandit hors de l'église. Des environs, des foules accoururent pour observer ce prodige, et une contagion de bonheur les gagna. Voyant tout cela, le Roi fut saisi d'un sentiment de plénitude et se réjouit de cet enthousiasme retrouvé. Il eut envie de crier que l'antique religion chrétienne, délaissée par son peuple, méritait la médaille d'or. Mais une Voix intérieure le retint. Absorbé par cette Présence, le Roi entra davantage en lui-même. Sur son visage, la joie se transforma en sérénité…

Ouvrant les yeux, le Roi fut presque surpris de se trouver dans le cloître. Les regards concentrés du public le ramenèrent à la réalité. S'étonnant lui-même, le souverain dit alors :

– … la religion qui me paraît la plus adaptée, c'est la religion… que je choisirai pour ma vie personnelle. En tant que Roi, je ne puis l'imposer à tout le peuple. Mon État doit rester laïc afin que chacun et chacune soit libre de déterminer ce qui lui paraît être la Vérité essentielle. *Dieu, s'il existe, est le seul à pouvoir accorder une médaille d'or.*

Quand nous quitterons cette terre, il nous sera donné sans doute de saisir son propre jugement sur les religions et philosophies humaines. Je propose dès lors de conférer dans quatre années une *médaille d'argent*, la seule qu'il nous soit permis d'accorder, à la tradition qui aura fait le plus d'efforts pour réellement comprendre et servir les fidèles des autres. Elle prouvera ainsi qu'elle est capable de se décentrer d'elle-même, de sentir en vérité ce qui habite ses partenaires, croyants ou incroyants, et de leur faire du bien. N'est-ce pas là le signe de l'action de l'Esprit ? Déliement et reliement, décentrement et accueil de l'autre. Ce qui, bien sûr, ne veut pas dire acceptation sans esprit critique des doctrines et des pratiques que les autres véhiculent ! Mais ce mouvement d'empathie et d'entraide révélera une capacité d'écoute, de compréhension et de solidarité qui seule mérite d'être récompensée. Je vous donne donc rendez-vous dans quatre ans, au mois de mai lors de la pleine lune, et souhaite à tous les concurrents de rivaliser en estime réciproque et de travailler au mieux pour la paix. Je vous accorde aussi, de même qu'au concurrent athée, un libre accès aux médias et aux écoles afin que vous puissiez transmettre à mon peuple, sans prosélytisme, le meilleur de vos enseignements. Il lui appartiendra de vous écouter avec discernement et d'observer vos comportements afin de nous aider, lors de ces nouvelles joutes, à décerner la médaille d'argent.

Le public, le jury et les concurrents furent d'abord surpris et déçus par la décision du Roi. Quelqu'un pourtant se mit à frapper des mains. Peu à peu, toute la salle se joignit à ces applaudissements, de manière retenue puis avec une conviction accrue.

Demandant à la foule de faire silence, le Roi dit encore :

– Mesdames et messieurs, telle est donc la décision qu'il me semble juste de prendre. Cela dit, je souhaiterais connaître ce que mon peuple en pense. Je suggère donc que tout ce qui s'est passé lors de ce Grand Tournoi fasse l'objet d'une publication sérieuse et que chacun, d'ici ou d'ailleurs, ait la possibilité d'exprimer son avis sur ce qui a été dit et vécu. Avec le Sage, nous mandaterons une personne de confiance pour rédiger ce compte rendu et pour récolter vos réflexions[1].

Une grande joie gagna l'assemblée.

Le Roi prit une dernière fois la parole :

– Au terme de ce Tournoi, il ne me reste plus qu'à remercier nos vaillants concurrents. Alors que tant de sportifs courent après une gloire éphémère, vous êtes les

1. Je ne sais pas si je mérite cette confiance. Toujours est-il que je me sens honoré d'avoir été désigné pour donner suite à ces joutes. Je tiens aussi à remercier tous ceux et toutes celles qui m'ont aidé dans cette délicate tâche. Un grand MERCI en particulier à mon épouse, Mireille, et à mes quatre garçons, David, Olivier, Simon et Basile, dont les questions et la vivacité ne cessent de me stimuler ; à Élisabeth et Claude Hoffmann ; à Marc et Alex, mes frères ; à mes parents, Gulam et Martha ; au professeur Carl-A. Keller ; à mes collègues Franck Le Vallois et Jean-Claude Basset ; à Gérard et Sandra Pella ; à Bernard et Claire Bolay ; à Christiane Lavanchy et à Florence Clerc. Mes remerciements vont aussi aux étudiants, assistants et enseignants de l'*École polytechnique fédérale de Lausanne* qui ont suivi et animé le cours que j'y ai donné sur les rapports entre sciences et religions ; à mes amis juifs, musulmans, hindous, bouddhistes et chrétiens de l'*Arzillier*, maison du dialogue interconfessionnel et interreligieux à Lausanne ; aux membres du *Dialogue interreligieux monastique*, qui m'ont associé avec beaucoup de fraternité à leurs rencontres ; à la maisonnée de *Crêt-Bérard*, près de Puidoux, pour son hospitalité et son magnifique cadre de travail ; à la *Conférence mondiale des religions pour la paix* (WCRP) pour l'exemplarité de ses rencontres internationales ; à l'*Église évangélique réformée du canton de Vaud* et au *Département missionnaire des Églises protestantes de Suisse romande* pour leur confiance et leur soutien à mon travail. Sans cette précieuse aide, je ne serais pas arrivé au bout de ma tâche (note de l'auteur du compte rendu).

athlètes de l'éternelle Beauté. Merci pour l'exemple de vos vies consacrées à cette quête suprême et merci pour tout ce que vous ferez pour mon peuple. Je tiens aussi à chaleureusement remercier le modérateur pour son travail si efficace, le jury pour son écoute attentive, le public pour sa fidèle participation, ainsi que les innombrables personnes qui ont travaillé dans l'ombre et qui ont permis que cette rencontre soit une réussite. Que chacun et chacune rentre chez soi avec une détermination nouvelle à se dépasser dans la quête de la sagesse et dans la mise en pratique de la solidarité. Bon retour et que Dieu vous garde.

Une dernière fois, l'hymne du Grand Tournoi fut joué. Il y avait beaucoup d'émotion, non seulement dans le public, mais aussi chez les concurrents, qui d'ailleurs ne se percevaient plus comme tels.

Pour une caresse de trop

Nombreux étaient les journalistes et les participants qui souhaitaient encore poser quelques questions aux différents délégués. Le Roi et le Sage furent aussi très sollicités. Même le Bouffon fut intensément interrogé.

Deux heures plus tard, la salle du cloître commençait à se vider. Les représentants des différentes traditions et convictions se saluèrent avec beaucoup d'amitié et prirent congé les uns des autres, non sans s'être échangé leurs adresses respectives.

David Halévy était heureux de la tournure finale des joutes, même si, comme les autres, il était secrètement déçu de n'avoir pas été désigné comme médaillé d'or. Il n'avait pas encore dit au revoir au cheikh. L'ayant trouvé dans la foule, il le salua avec un profond respect. En se retournant, il se trouva face à face avec Amina. La jeune femme, sachant que l'heure de la séparation définitive était arrivée, s'enhardit à le regarder avec affection et insistance. Le rabbin en fut tout bouleversé. Se sentant protégé par la foule joyeuse, David leva sa main et caressa avec délicatesse la joue d'Amina. Une chaîne de tendresse lia leurs regards. Dans ses entrailles, le rabbin ressentit comme la naissance d'un univers. Soudainement, cette douce implosion fut troublée puis noyée par une douleur aiguë au niveau du dos. Le regard du rabbin s'obscurcit et il s'écroula au sol, le corps ensanglanté. Inconscient, il n'entendait déjà plus les cris horrifiés d'Amina…

Il y a une justice

Lorsqu'il se réveilla bien des heures plus tard, le rabbin eut de la peine à ouvrir les yeux. Peu à peu, il aperçut des murs très blancs et découvrit un appareillage technique fort sophistiqué. Une douleur perçante entre les deux omoplates le fit grimacer de souffrance.

– Dieu soit loué, cria une voix, vous reprenez conscience !

Tournant avec difficulté son visage, David Halévy fut étonné de voir Christian Clément assis à côté de son lit, les traits soulagés et souriants.

– Mais qu'est-ce que je fais ici ? demanda avec difficulté le rabbin.

Le docteur Clément lui raconta alors tout ce qui s'était

passé depuis son effondrement dans la grande salle des joutes.

– Vous avez été poignardé alors que vous preniez congé de Mlle Amina.

– Mais pourquoi et par qui ?

– Quand la fille de l'imam s'est mise à hurler, immédiatement des policiers en civil ont accouru. Vous étiez à terre, inconscient et immobile. Nous vous pensions mort. Un jeune homme se tenait face à Amina, un couteau à la main. Il n'avait même pas essayé de prendre la fuite. La police s'est saisie de lui et l'a emmené au poste. Ce n'est que plus tard que nous avons découvert son identité.

– Mais qui était-ce donc ?

– Vous n'allez pas me croire… C'est le fils aîné d'Ali ben Ahmed, le propre frère d'Amina. Lorsqu'il vous a surpris, paraît-il, caressant la joue de sa sœur, il est devenu fou furieux. Nous avons appris aussi par la bouche même de l'imam que ce fils, Hasan, n'a jamais accepté l'ouverture de son père à d'autres religions, et surtout à une lecture plus ouverte de l'islam. Hasan déteste particulièrement le judaïsme, qu'il n'arrive pas à différencier du sionisme et du capitalisme américain. Quand il vous a vu touchant le visage de sa sœur, il n'a pu se retenir.

Le rabbin, légèrement confus, baissa les yeux.

– Mais ce n'est pas tout…

– Quoi donc ?

– Grâce à ces dramatiques événements, la police a pu découvrir l'agresseur d'Amina, du moins celui qui fit semblant de l'être…

– Comment ? C'était donc lui, son propre frère ?

– Il a tout avoué. Par haine des juifs, il a voulu vous

faire accuser d'une violence ignoble. Dans ses bagages, la police a découvert une autre kippa, identique à celle que vous avez retrouvée dans la chambre d'Amina. Malheureusement pour lui, votre intervention inattendue est venue tout bousculer.

– Alors ça ! s'exclama le rabbin, un sourire malicieux aux lèvres.

En une fraction de seconde, celui-ci se transforma en un rictus de douleur.

– Ça va aller ? demanda, inquiet, Christian Clément.

Des yeux, le rabbin fit signe que oui.

– Je vais vous laisser, vous savez tout maintenant. Ce dont vous avez le plus besoin, c'est de repos.

Péniblement, le rabbin demanda au chrétien de s'approcher.

– Je peux vous confier un secret ?

Surpris d'abord par la demande, le docteur Clément répondit sans hésiter par l'affirmative :

– Bien sûr. De quoi s'agit-il ?

– Même si la justice humaine est souvent faillible, celle de Dieu ne l'est pas. Quand un de mes frères a été gravement blessé durant son service militaire, une violente haine s'est éveillée en moi. Jamais je ne me serais cru porteur de tant d'inimitié. Lors de l'ouverture du Tournoi, vous vous en souvenez, un musulman s'en est pris verbalement à Alain Tannier. J'ai tout de suite saisi qu'une occasion de vengeance s'offrait à moi. J'avais envie de montrer aux musulmans ce dont un juif est capable.

– Et lorsque Mlle Amina a reçu une lettre de menaces d'un autre musulman, vous avez décidé de renoncer à tout acte de vengeance...

– Pas du tout, vous n'y êtes pas.

Christian Clément ne comprenait plus rien.

– Puisqu'un musulman, par ses vociférations déplacées, avait fait peser sur toute sa communauté un lourd crédit d'antipathie, il m'était facile de l'alourdir… avec une simple plume.

– Une plume, c'est bien léger.

– Sauf quand elle écrit une lettre de menaces…

– La lettre en arabe, c'était… vous ?

– Eh oui… Mais il y a une justice. Ma plume s'est retournée contre moi comme un poignard.

A ce moment, une infirmière entra dans la chambre, portant un magnifique bouquet de fleurs.

– Je peux vous poser une dernière question ? demanda Christian Clément, les yeux pétillants de complicité.

– Faites.

– Si la *justice* de Dieu se manifeste dans votre dos poignardé par le frère, ne serait-ce pas l'*amour* de Dieu qui s'exprime dans votre cœur poignardé par la sœur ?

David sourit avec simplicité et bonheur.

Le mot de la fin

On frappa alors à la porte. Le docteur Clément se leva pour ouvrir. Le rabbin fut surpris de voir Ali ben Ahmed, accompagné d'Alain Tannier, de Rahula et de Krishnânanda. Sur le visage de l'imam, aux traits d'une exceptionnelle noblesse, se lisaient les signes d'un épuisement intense. Pendant quelques secondes, un silence étouffant s'installa.

– Je suis venu prendre de vos nouvelles, dit Ali ben Ahmed d'une voix fatiguée et douce.

Le rabbin fut touché par tant de délicatesse. Que l'imam puisse manifester une telle empathie alors qu'il était brisé par l'acte tragique de son fils impressionna chacune des personnes présentes.

– Aussi bien que possible, répondit David Halévy. Cher cheikh, j'ai encore un aveu à vous faire…

Et le rabbin raconta une fois de plus le méfait qu'il avait commis. En tâtonnant, l'imam s'approcha de lui et saisit sa main. Une chaise lui fut alors offerte et, pendant de longues minutes, ils restèrent ensemble sans dire un mot, reliés par ce geste simple et pourtant si chargé d'affection. Les autres délégués n'osaient bouger. En regardant plus attentivement les visages de l'imam et du rabbin, ils remarquèrent que tous deux pleuraient.

Le rabbin mit fin au silence.

– Je vous demande sincèrement pardon, murmura-t-il.

L'attitude même de l'imam était déjà une réponse. Il n'ajouta donc rien. Puis, à son tour, il vida son cœur :

– Que mon propre fils ait pu commettre un tel acte sur vous m'afflige et me dépasse. Et que va-t-on penser de l'islam ? Que ce soit à la fin de ces joutes ou au début, c'est chaque fois un musulman qui en a été le perturbateur. Tous ceux et toutes celles qui considèrent que l'islam est synonyme de violence et de barbarie vont être confortés dans leurs stéréotypes… Notre présence ici a été lamentable.

Unanimement, les autres partenaires exprimèrent leur désaccord. Les propos du rabbin résumèrent parfaitement ceux des autres :

– Cher Ali ben Ahmed, la qualité de votre présence nous a tous impressionnés. Plus que nous tous, c'est vous que le public a applaudi. Et cela ne trompe pas. Grâce à la valeur de vos propos et de votre façon d'être, plus personne ne pourra confondre l'islam véritable avec les actes de violence commis par certains. Des extrémistes qui trahissent l'essence de l'expérience religieuse, toutes les traditions en connaissent. En Israël, en Irlande, en Bosnie, en Inde, on tue aussi au nom du Dieu des juifs, des chrétiens ou des hindous. Bien sûr, sur la scène mondiale, les vôtres font actuellement plus parler d'eux. Mais à la fin de ces joutes il ne viendrait à l'idée de personne de confondre ces violences avec l'islam authentique, fait d'humilité et d'hospitalité. Personnellement, si je devais décerner une médaille à la personne la plus noble, c'est à vous que je la donnerais.

– Pas question, répondit spontanément l'imam. Celui qui a été le plus vif dans ses propos et le plus meurtri dans sa personne, c'est vous. Indiscutablement, la médaille vous revient.

En entendant l'imam et le rabbin rivaliser ainsi d'estime réciproque, les autres, émus, se mirent à rire de joie.

Heureux, mais fatigué par sa blessure, David Halévy se raidit sur son lit. Tous comprirent qu'il lui fallait du repos. Avec affection et beaucoup de complicité, ils se dirent adieu.

Le rabbin soupira. Sa douleur, quoique vive, lui paraissait toutefois moins violente. Il contempla avec une profonde joie le bouquet inondé de couleurs posé à côté de lui. Soudain, il remarqua une petite enveloppe, glissée entre les fleurs. Malgré la brûlure de son corps, il réussit à la saisir. A la lecture du petit mot, le rabbin sentit poindre en lui un bonheur plus frais que l'aurore.

La plus grande fissure de l'univers
Ne saurait résister à l'amour.
La plus douloureuse blessure de la terre
Par Dieu sera guérie un jour.

Et c'était signé : « Amina ».

Dans un pays pas si lointain

Le Bouffon rentra chez lui, à la fois stimulé et apaisé. Il caressa le front d'Éloïse et se mit à méditer sur les événements qu'il venait de vivre. Beaucoup d'images assaillirent son esprit. Se dirigeant vers son réfrigérateur, il se prépara un petit repas qu'il savoura avec délices. Puis il se promena d'un pas plein et tranquille dans son appartement. Se sentant alors très fatigué, il alla se coucher. Il hésita à dire une prière et s'endormit en paix. Dieu seul sait ce que murmura son cœur…

Le Sage joua plus que d'habitude avec ses enfants, avant de les coucher. Puis il se réjouit de manger en tête à tête avec son épouse. Pour la première fois, il remarqua un filament argenté dans ses cheveux. Elle aussi était touchée par le mystère du temps ; son visage n'avait plus la fraîcheur de ses vingt ans, mais une maturité avait arrondi et embelli ses traits. Le Sage sentit aux racines de son être qu'un jour la mort les séparerait. Qui partirait le premier ? Serait-ce lui ? Et si c'était elle ? Jamais il n'avait osé se poser de telles questions avec autant de clarté. Un sentiment d'effroi le saisit. Pendant le repas, ils échangèrent peu de mots. Quelque chose était en train de changer dans leur relation. Ce soir-là, le Sage aima sa femme comme si c'était la dernière fois. Avec intensité et un sentiment étrange de liberté. Comme si une certitude lui était donnée : la mort ne détruira jamais l'amour ; le détachement suprême sera suivi d'un attachement indicible, infini et glorieux.

Cette nuit-là, le Roi eut beaucoup de peine à s'endormir. Il se leva de sa couche et se dirigea vers la bibliothèque. De lointains souvenirs émergèrent dans son esprit. Il se revit enfant, priant avec ses parents. Après quelques minutes, il retrouva une vieille Bible empoussiérée. Le marathon du Tournoi et la vision qu'il venait de vivre avaient fait naître en lui le désir de retrouver ses propres racines. Au hasard, il ouvrit le Livre et lut : « L'Esprit du Seigneur est sur moi parce qu'il m'a conféré l'onction pour annoncer la bonne nouvelle aux pauvres. Il m'a envoyé proclamer aux captifs la libération et aux aveugles le retour à la vue, renvoyer les opprimés en liberté, proclamer une année d'accueil par le Seigneur » (Ésaïe 61,1-2).

Méditant cette parole et balbutiant une prière, le Roi se dirigea vers le balcon du palais. Une douce lumière reposait sur son Royaume. Surpris par cette clarté, le Roi scruta le ciel. De sombres nuages avaient obscurci la voûte céleste et le visage de la lune elle-même était recouvert d'un voile opaque. Le Roi ne comprenait pas d'où venait cet étrange rayonnement. Était-ce un rêve ? Ou la réalité avait-elle changé ? Et si c'étaient ses yeux qui avaient été comme lavés, rafraîchis par une source étrange ? Fasciné par ce monde nouveau qui se présentait à lui, le Roi resta là de longues heures en contemplation. Jamais son Royaume ne lui avait paru si beau. Jamais non plus il ne lui était apparu avec autant de fragilités et de domaines à améliorer. Puis le Roi se coucha avec une joie intense et une détermination nouvelle à servir son peuple avec justice et équité. Intrigué par cette expérience, mais animé d'un profond bonheur, il ne s'endormit qu'au petit matin. Sans avoir élucidé la cause de ce mystérieux changement.

Qu'importe ? Un jour nouveau s'était levé. Et peut-être même des anges se sont-ils mis à chanter.

Comme indiqué dans l'introduction à ce récit, le Roi serait heureux de pouvoir recueillir votre avis. Voici les questions qui l'intéressent en particulier :

- Les prestations des concurrents étaient-elles bien représentatives des religions ou visions du monde exposées ?
- Si vous aviez fait partie du jury, quel aurait été votre verdict ?
- Que pensez-vous de la décision du Roi ?

Sur une page A4, au maximum, veuillez envoyer vos commentaires, échos, réflexions à l'adresse suivante :

M. Shafique Keshavjee
Éditions du Seuil
27, rue Jacob
75261 Paris cedex 06

Le Sage et le Bouffon me prient aussi de vous transmettre leurs meilleurs messages et se réjouissent déjà de vous lire.

Annexes

• Des fiches de présentation élaborées
par la Plateforme interreligieuse de Genève
• Un tableau synoptique des religions

Bouddhisme

Fondateur

Siddharta Gautama, appelé aussi Sakyamuni, a vécu au nord de l'Inde entre le VIe siècle et le Ve siècle avant l'ère chrétienne. Après une vie princière puis ascétique, c'est par la méditation qu'il parvient à l'état de conscience suprême qui fait de lui le Bouddha, l'« Éveillé ». Par ses sermons, il fonde une voie distincte de l'hindouisme : le *Bouddha-shâsana*, ou enseignement du Bouddha.

Texte sacré

Les Écritures anciennes sont divisées en trois corbeilles : *vinaya*, règles de la vie monastique, *soutra* ou sermons du Bouddha et *Abhidharma*, étude de certains points de doctrine. La tradition n'a cessé de s'amplifier à travers les âges et les cultures, de sorte que chaque école bouddhique a son propre recueil de *soutra*, en pali, en sanscrit, en chinois et en tibétain.

Courants

Les différentes écoles se regroupent en trois courants, qui divergent dans leur compréhension du Bouddha, leur philosophie et leur discipline : le *Theravâda* est la doctrine des anciens, pratiqué à Sri Lanka et jusqu'au Vietnam ; le *Mahâyâna* ou grand véhicule, développé en Chine, en Corée, au Vietnam et au Japon, avec notamment les écoles du Zen et de la Terre Pure ; le *Vajrayâna* ou véhicule du diamant caractérise la tradition tibétaine.

Convictions fondamentales

Partant des notions indiennes de *karma*, rétribution des actes, et de *samsâra*, cycle des renaissances ou réincarnations, l'enseignement du Bouddha porte sur l'absence de Soi – *anâtma* –, l'impermanence de toute chose – *anitya* – et la souffrance – *dukkha* ; il développe les « Quatre Nobles Vérités » sur l'universalité de la souffrance découlant du désir et la voie qui conduit à sa cessation par le « Noble Sentier Octuple » (justesse de la compréhension – la pensée – la parole – l'action – les moyens d'existence – l'effort – l'attention – la concentration). Le *nirvâna* est l'extinction de tout attachement. Le courant mahâyâna a mis l'accent sur la vacuité – *shûnyatâ* – de toute réalité apparente et exalté l'idéal des Bodhisattva, engagés par des vœux à délivrer l'humanité.

Préceptes de conduite

La morale bouddhique – *shîla* – repose sur dix prescriptions ; les cinq premières concernent tout le peuple : respect de la vie, respect de la propriété, refus de la sexualité désordonnée, respect de la vérité et abstinence de boissons enivrantes ; les cinq supplémentaires sont réservées aux moines. En rapport avec le modèle du Bodhisattva, la tradition mahâyâna cite dix perfections – *pâramitâ* – : la charité – la moralité – la patience – l'énergie – la méditation et la sagesse, à quoi s'ajoutent : la méthode – les vœux – la résolution – la connaissance de tous les *dharma*.

Attitude face aux autres religions

Parti de l'Inde pour se répandre à travers l'Asie, l'enseignement bouddhique a fait preuve d'une très grande capacité d'adaptation religieuse et culturelle. Coexistant avec d'autres religions, il manifeste une tolérance sans restriction.

Prières et pratiques

On se rend au temple pour vénérer et faire une offrande au Bouddha, représenté par une statue, souvent entourée de divinités secondaires. Dans le Mahâyâna, chacun est appelé à devenir Bouddha par le détachement de toute passion et la méditation qui mène à une juste perception de la réalité. Certaines écoles, comme le Zen, insistent sur l'effort nécessaire (position assise, paradoxe intellectuel, discipline, relation au maître, visualisation) ; d'autres, comme la Terre Pure, ouvrent largement les portes du paradis. Les moines, et dans une moindre mesure les nonnes, jouent un rôle important par l'exemple et l'enseignement qu'ils perpétuent.

Nourriture

En principe, les bouddhistes s'abstiennent de boissons enivrantes ; beaucoup, notamment les moines, sont végétariens.

De la naissance à la mort

Le bouddhisme connaît des cérémonies spécifiques pour la naissance comme pour la mort qui diffèrent d'un pays à l'autre. L'entrée au monastère, avec les vœux provisoires ou perpétuels, est un moment important.

Principales fêtes

Tous les mois, la pleine lune est l'occasion d'une fête. A *Wesak*, la tradition theravâda célèbre tout ensemble la naissance, l'illumination – *Bodhi* – et l'extinction finale – *Paranirvana* – de Gautama Bouddha que le courant mahâyâna fête indépendamment. *Asala* rappelle la première prédication à Bénarès et *Kathina* marque la fin de la retraite des moines lors de la saison des pluies. Dans le Mahâyâna, on fête aussi les maîtres des différentes écoles.

Hindouisme

Fondateur

L'hindouisme n'a pas de fondateur ; son origine remonte aux sages inspirés de tribus indo-aryennes installées dans le Nord de l'Inde il y a plus de 3 000 ans. Le nom « hindou » apparaît, au contact des musulmans, au VIIIe siècle de l'ère chrétienne. Dès le XIIe siècle, on parle de *Hindou Dharma*, mais le terme classique est *Sanâtana Dharma*, l'ordre éternel des choses.

Texte sacré

Les Écritures hindoues sont aussi vastes que variées : en premier lieu, il y a les Quatre Védas (le savoir) qui s'achèvent avec les *Upanishads* d'inspiration plus philosophique ; viennent ensuite les épopées du *Mahâbhârata*, avec la *Bhagavad Gîtâ* (le Chant du Bienheureux Seigneur), et du *Râmâyana* ; plus récemment, les *Purâna* (anciens récits) et les *Dharma-Shâstra* (recueils de lois).

Courants

Ensemble d'expressions religieuses sans doctrine ni pratique unifiées, l'hindouisme se ramifie dans trois principales formes de culte adressé aux grandes divinités : *Vishnou*, protecteur du monde et gardien du *Dharma*, qui se manifeste sous la forme de Krishna et de Rama ; *Shiva*, destructeur et Seigneur des yogi ;

Shakti, épouse de Shiva, Déesse Mère du tantrisme. Pour leurs adeptes, chacune de ces divinités représente la totalité du divin ; le strict monisme de l'Advaïta Vedanta demeure influent avec son insistance sur l'identité du Soi – *atman* – et de l'Absolu – *brahman*.

Convictions fondamentales

Les différentes écoles s'accordent sur un fond commun : le respect des *Védas*, la pluralité des approches du divin, le cycle de création, préservation et dissolution de l'univers, la succession des réincarnations – *samsara* – provoquée par le fruit des actions – *karma* – et l'organisation de la société en castes.

La délivrance – *moksha* – peut être recherchée par différentes voies : les actions désintéressées, le contrôle psychique, la sagesse des systèmes philosophiques et la dévotion – *bhakti* – au gourou ou à la divinité préférée – *Ishta Devatâ*.

Préceptes de conduite

Parmi d'autres, le « Livre des Lois de Manu » fixe les fondements de la société hindoue, structurée en quatre *varnas* (prêtres ou brahmanes, guerriers et hommes politiques, commerçants, ouvriers et serviteurs) et en de multiples castes – *jati*. La vie personnelle connaît aussi quatre étapes : l'étude, la vie de famille, la retraite en forêt et le dépouillement total du *sannyâsi*.

Attitude face aux autres religions

Par sa nature, l'hindouisme reconnaît la diversité des voies qui conduisent au Dieu personnel et, à travers lui, à l'Absolu insondable. Il s'ensuit une très grande tolérance à l'égard des différentes expressions religieuses tant à l'intérieur qu'à l'extérieur de l'hindouisme. Ce que les hindous rejettent, c'est l'absolutisation d'un message ou d'une forme particulière de culte, ainsi que tout prosélytisme.

Prières et pratiques

Autel privé, petit temple ou grand centre de pèlerinage, la cérémonie de *pûjâ* a lieu devant l'image ou la statue de la divinité de son choix ; avec des clochettes, de l'encens et de la lumière, elle comprend une offrande de fleurs ou de nourriture ainsi que la récitation de prières et d'un *mantra*. Les brahmanes célèbrent le culte trois fois par jour en récitant le plus souvent le *mantra Gâyatri* : « Méditons sur le lumineux rayonnement de l'Être admirable qui a créé le monde ! Qu'il guide nos pensées vers la vérité ! » Le courant moniste ne recourt à aucune image, mais pratique la réflexion suivie de la méditation.

Nourriture

La majorité des hindous sont végétariens, tout particulièrement les brahmanes, sauf dans le Nord-Est de l'Inde. En règle générale, les hindous s'abstiennent systématiquement de viande bovine.

De la naissance à la mort

Les grands moments de l'existence revêtent une dimension religieuse : donner un nom à l'enfant, passer du lait maternel à la nourriture solide, ceindre la taille du cordon sacré ; traditionnellement arrangé par les familles, le mariage donne lieu à de grandes cérémonies. Aussi importantes sont l'entrée dans la vie ascétique ou monacale, ainsi que la crémation du corps du défunt.

Principales fêtes

Makara Sankrânti, solstice d'hiver, fête des récoltes et du renouveau du soleil ; *Mahashivratri*, Grande Nuit de Shiva, lors de la nouvelle lune après l'hiver ; *Holi*, festival de printemps ; *Rama Navami*, naissance de Rama, héros de l'épopée du Ramayana ; *Janmashtami*, naissance de Krishna, inspirateur de la Bagavad-Gîtâ ; *Ganesha-Chaturthi*, fête, au Sud de l'Inde, de

Ganesha, divinité des commencements et du commerce ; *Navaratri/Durga Puja-Dussera*, rappel du conflit de Rama avec le roi des Démons et de la victoire de la déesse *Durga* ; *Divâli*, fête des lumières en automne, souvent associée à la prospérité.

Islam

Fondateur

Muhammad, « le loué », n'est pas le fondateur, mais le prophète de l'islam, l'envoyé de Dieu. Il a vécu à La Mecque de 570 à 622 de l'ère chrétienne, puis jusqu'en 632 à Médine. Son émigration (hégire) marque le début du calendrier musulman, qui est lunaire.

Texte sacré

Le Coran, en arabe « la récitation », est la parole de Dieu descendue sur Muhammad par l'intermédiaire de l'archange Gabriel. Constitué de 114 sourates ou chapitres, le Coran est inimitable ; il inspire toute la vie religieuse et sociale des musulmans.

Courants

Dès la succession du Prophète, l'islam se répartit en deux courants principaux : sunnite et chi'ite. Les sunnites (90 %) se réfèrent à la *sunna*, la tradition du Prophète, et au consensus de la communauté formulé par quatre écoles juridiques reconnues. Divisés en plusieurs tendances, les chi'ites accordent une grande vénération à Ali et aux descendants du Prophète par sa fille Fatima. L'islam connaît aussi l'orientation mystique des confréries soufies, soucieuses d'une adhésion intérieure de l'islam.

Convictions fondamentales

« Dites : “Nous croyons en Dieu, à ce qui a été révélé à Abraham, Ismaël, Isaac, Jacob, aux [douze] tribus, à ce qui a été confié à Moïse, à Jésus, aux prophètes par leur Seigneur. Nous ne faisons aucune distinction entre eux et à Dieu nous sommes soumis” » (sourate 2,136).

Un seul Dieu (en arabe *Allah*) révèle un même message – adapté aux circonstances de l'histoire – à ses prophètes et envoyés, dont le dernier est Muhammad. Au pacte primordial qui lie l'ensemble de l'humanité à Dieu correspond la fin dernière, le jugement de Dieu qui fait de la vie un test. Sur la voie qui mène à Dieu – la Vérité –, la révélation et la foi sont la lumière et l'orientation.

Préceptes de conduite

La vie musulmane suit les prescriptions du Coran et l'exemple du Prophète. « Certes, Dieu ordonne l'équité, la bienfaisance et l'assistance aux proches. Il interdit la turpitude, l'acte répréhensible et l'oppression (l'injustice) » (sourate 16,90). Et aussi : « La foi, c'est d'adorer Dieu comme si tu le voyais, mais si tu ne peux le voir, lui certes te voit » (Parole du Prophète).

La reconnaissance de Dieu impose en permanence l'application de la justice en vue d'un rayonnement pratique de la foi. La mesure, la bienséance et la générosité doivent caractériser les relations personnelles et sociales du musulman.

Attitude face aux autres religions

Respect particulier pour les « gens du Livre », juifs et chrétiens notamment, même si les musulmans pensent qu'il y a eu des altérations dans les messages antérieurs, que le Coran est venu rectifier. « Par la sagesse et la bonne exhortation, appelle (les gens) au sentier de ton Seigneur. Et discute avec eux de la meilleure façon » (sourate 16,125).

Prières et pratiques

La prière – *salat* – ponctue cinq fois par jour la vie du croyant mis en rapport immédiat avec son Créateur, sans oublier la dimension communautaire de la prière à la mosquée.

L'aumône légale – *zakat* – de 2,5% de la fortune a valeur de purification et de justice sociale.

Le jeûne du mois du Ramadan exige l'abstention de nourriture et de boisson, ainsi que de toute impulsion passionnelle, de l'aube au crépuscule. Il a valeur d'adoration personnelle et de solidarité communautaire avec les plus démunis.

Le pèlerinage à La Mecque – *hajj* –, si possible au moins une fois dans sa vie, fait participer au rassemblement des musulmans au lieu symbolique de l'Unicité des croyants.

Nourriture

Tout est licite, à l'exception du porc ainsi que de l'alcool et de toute autre forme de drogue. Traditionnellement, on doit égorger les animaux en invoquant le nom de Dieu.

De la naissance à la mort

La naissance est une bénédiction de Dieu. Les garçons sont circoncis durant leur enfance ; dès la puberté, filles et garçons observent les pratiques islamiques. Le mariage est l'état normal du musulman ; il entreprend chaque action en invoquant le nom et la miséricorde de Dieu. A l'heure de la mort, lui-même ou un proche récite la profession de foi.

Principales fêtes

Le vendredi est le jour de la prière accompagnée du prêche à la mosquée.

Aid El-Fitr : la fête de rupture du jeûne au terme du Ramadan est une invitation au partage et à la joie.

Aid El-Adha : la fête du sacrifice au dernier jour du pèlerinage est l'occasion pour les musulmans de sacrifier – le plus souvent – un mouton, en mémoire du Sacrifice d'Abraham.

Parmi les autres fêtes, on peut mentionner :

Achoura : les chi'ites commémorent le martyre de Hussein, petit-fils du Prophète.

Moulid : la piété populaire célèbre la naissance du Prophète.

Miraj : rappel du voyage nocturne du Prophète et de son ascension céleste.

Judaïsme

Fondateur

Les trois patriarches : Abraham, Isaac et Jacob sont les pères du peuple d'Israël. Treize siècles avant l'ère chrétienne, Moïse reçoit la Torah (les cinq premiers livres de la Bible) sur le mont Sinaï, après la Révélation des Dix Paroles ou Commandements à tout le peuple d'Israël.

Texte sacré

La Torah a un caractère saint. La « tradition écrite » est constituée de la Torah et des autres livres bibliques (les Prophètes et les Écrits). Fixée dans la Mishna et commentée dans le Talmud, la « tradition orale » est mise en œuvre dans des codes (le *Choulhan Aroukh*), des commentaires (tel Rachi), des ouvrages théologiques, et dans des courants mystiques (Kabbale) et piétistes (Hassidisme).

Courants

Conséquence de la dispersion, les juifs se sont trouvés répartis entre ashkénazes, en Europe orientale et occidentale, et séfarades, dans le bassin méditerranéen. Le monde religieux juif contemporain répond à une diversité de sensibilités à travers principalement deux courants. Le premier (orthodoxe et traditionaliste) est attaché au respect de l'ensemble des prescriptions de la tradition écrite et orale. Pour le second (libéral ou réformé, et conservateur), les textes de la tradition demeurent une référence essentielle et incontournable, mais plus ou moins susceptible d'interprétations.

Convictions fondamentales

Dieu est un et unique, il a créé l'univers et tout ce qu'il contient. Il a créé l'être humain à sa « ressemblance », le dotant du libre arbitre et lui assignant le rôle de parfaire la création. Par le don de la Torah, Dieu fait alliance avec son peuple. L'histoire a un sens et, par son action, l'homme peut la mener vers son but : l'ère messianique libre de violence et d'affrontements, où régnera la justice pour tous (voir les treize articles de foi de Maimonide).

Préceptes de conduite

La vie juive est marquée par l'attachement à un Peuple, à une Terre et à une Loi, la Torah et ses 613 commandements – *mitzvot* – selon l'injonction : « Observe (les commandements) et écoute ! » (Deutéronome 12,28). Ainsi, « Tu aimeras l'Éternel ton Dieu de tout ton cœur, de toute ton âme et de tout ton pouvoir » (Deutéronome 6,5), « Tu aimeras ton prochain comme toi-même » (Lévitique 19,18), sans oublier l'étranger (Lévitique 19,34).

Attitude face aux autres religions

Pour le judaïsme, opposé à toute forme de prosélytisme actif, seuls les 7 commandements de Noé s'appliquent aux autres peuples. En dehors de tout compromis doctrinal, un certain nombre de juifs sont aujourd'hui ouverts à une collaboration interreligieuse dans le domaine moral et social.

Prières et pratiques

La journée est scandée par trois offices, soir, matin et après-midi, dont les textes sont tirés de la Torah, des Psaumes, du Talmud et de textes plus récents. La prière publique a lieu à la synagogue avec un minimum de dix hommes ; plusieurs moments liturgiques se déroulent à l'intérieur du foyer.

En principe, les hommes portent une calotte – *kippah* – et, pendant l'office du matin, un châle de prière – *tallit* – et les phylactères – *tefillin*. Dans les synagogues libérales, les femmes participent aux offices en toute égalité.

Nourriture

Selon la cacherout, les viandes permises sont les parties avant des ruminants à sabot fendu et toute volaille de basse-cour. Les poissons doivent avoir des nageoires et des écailles. Pour éviter de mêler les produits laitiers et la viande, les juifs ont recours à une double vaisselle. Traditionnellement, les animaux doivent être abattus rituellement et vidés de tout leur sang.

De la naissance à la mort

Les garçons sont circoncis au 8e jour. La majorité religieuse est à 13 ans pour les garçons, généralement à 12 ans pour les filles. L'adolescent lit dans la Torah, réaffirmant ainsi son adhésion à la Révélation.

Le mariage religieux ne constitue pas un sacrement, mais l'affirmation devant témoins de la volonté du couple de construire ensemble un foyer.

L'ensevelissement se déroule de façon dépouillée ; il est suivi d'une période de deuil.

Principales fêtes

Le *Chabbat*, septième jour de la semaine, est la journée de repos, d'étude et de méditation. La cessation de toute activité évoque la création du monde et la libération d'Égypte.

<u>Fêtes de pèlerinage</u>

Pessah (la Pâque) : rappel de la sortie d'Égypte et de la libération de l'esclavage.

Chavouot (Pentecôte) : commémoration du don de la Torah au Sinaï.

Soukkot (Cabanes) : souvenir des 40 ans du peuple d'Israël au désert.

<u>Fêtes austères</u>

Roch ha-Chanah (Nouvel An) : anniversaire de la création et jour du jugement ; l'homme fait le bilan de ses actions pendant l'année écoulée. Il cherche à réparer ses fautes et à obtenir le pardon de ceux qu'il a heurtés.

Yom Kippour (jour du Grand Pardon) : jeûne de 25 heures où le fidèle, réconcilié avec les autres, demande le pardon de Dieu et son inscription au Livre de la Vie.

Christianisme

Fondateur

D'origine juive, Jésus de Nazareth a prêché le Royaume de Dieu et guéri des malades au début de l'ère chrétienne. Les chrétiens reconnaissent en lui le Christ ou le Messie, mort sur une croix et ressuscité pour vivre à jamais en Dieu.

Texte sacré

La Bible chrétienne comprend la Bible juive (Ancien Testament) ainsi que les Évangiles et les écrits des Apôtres (Nouveau Testament).

Courants

Pour des raisons historiques et théologiques, la communauté chrétienne se trouve aujourd'hui répartie en trois principales familles : numériquement la plus importante, l'Église catholique romaine est sous l'autorité du pape et des évêques ; la communion des Églises orthodoxes met l'accent sur la tradition tandis que les diverses Églises issues de la Réformation au XVIe siècle insistent sur l'importance de la Bible. Depuis bientôt un siècle, on assiste à un mouvement de rapprochement œcuménique.

Convictions fondamentales

Le Dieu unique, créateur de toutes choses, est un Dieu d'amour qui a parlé par les prophètes d'Israël et s'est révélé dans la personne de Jésus-Christ, Verbe incarné de Dieu, venu au monde pour libérer l'humanité du mal et de la servitude. C'est le Dieu trinitaire, présent par son Esprit de vie, qui inspire les croyants. Le salut, ici-bas et après la mort, est un don gratuit auquel les fidèles répondent par la foi, la prière et un engagement de toute leur existence.

Préceptes de conduite

La vie chrétienne est orientée par le double commandement d'amour de Dieu et du prochain ; elle s'appuie sur les Dix Paroles de Dieu au Sinaï (Exode 20) et débouche sur l'idéal du Sermon sur la Montagne (Matthieu 5,7) : pardon des offenses, souci de la vérité, pratique de la justice, service du prochain (au sens de tout être humain).

Attitude face aux autres religions

Après avoir longtemps rejeté les adeptes d'autres religions, selon l'adage « Hors de l'Église, point de salut », une nouvelle ouverture conduit les chrétiens à reconnaître la liberté religieuse et à respecter les richesses spirituelles des autres traditions, en dehors de tout amalgame religieux.

Prières et pratiques

La prière chrétienne par excellence est le « Notre Père ». Les fidèles se retrouvent le dimanche pour prier et louer Dieu, entendre sa parole lue et prêchée et aussi partager le pain et le vin de l'eucharistie. Il existe des offices durant la semaine.

La piété des fidèles s'exprime diversement dans la prière personnelle, spontanée ou répétée, la lecture biblique, la confession privée, les icônes, les différents pèlerinages et la vénération de Marie.

Chaque Église a son clergé plus ou moins hiérarchisé. Beaucoup ont des religieux et des religieuses qui font souvent vœu d'obéissance, de pauvreté et de chasteté ; toutes sont d'accord aujourd'hui pour souligner l'importance des laïcs.

Nourriture

Après un débat rapporté dans le Nouveau Testament, les chrétiens ne connaissent pas d'interdits alimentaires mais des recommandations de tempérance et d'abstinence, davantage respectées en Orient et dans les couvents d'Occident.

De la naissance à la mort

La vie chrétienne débute par le baptême, le plus souvent des enfants ; elle se poursuit avec le catéchisme et la confirmation. Elle est jalonnée par un certain nombre de signes appelés aussi « sacrements » comme le mariage à l'église, l'absolution des péchés, l'onction des malades, ainsi que l'ordination ou la consécration des prêtres, des pasteurs et des religieux. Le service funèbre est la remise confiante du défunt à Dieu.

Principales fêtes

Le calendrier chrétien fête chaque jour un ou plusieurs saints ; le dimanche férié rappelle la résurrection de Jésus. L'année liturgique commence avec l'Avent, qui annonce la naissance de Jésus à *Noël*. Préparée par les quarante jours du Carême, la Semaine Sainte rappelle l'entrée de Jésus à Jérusalem le dimanche des *Rameaux*, le dernier repas de Jésus *Jeudi Saint*, sa crucifixion *Vendredi Saint* et sa résurrection à *Pâques*. Il y a aussi l'*Ascension* de Jésus, suivie de la *Pentecôte* qui évoque le don du Saint-Esprit aux apôtres. Catholiques et orthodoxes ont en commun l'*Assomption* ou *Dormition* de la Vierge et l'*Immaculée Conception* de Marie ; les catholiques célèbrent en outre la *Fête-Dieu* consacrée au saint sacrement ainsi que la *Toussaint* et le *jour des Morts*.

TABLEAU SYNOPTIQ

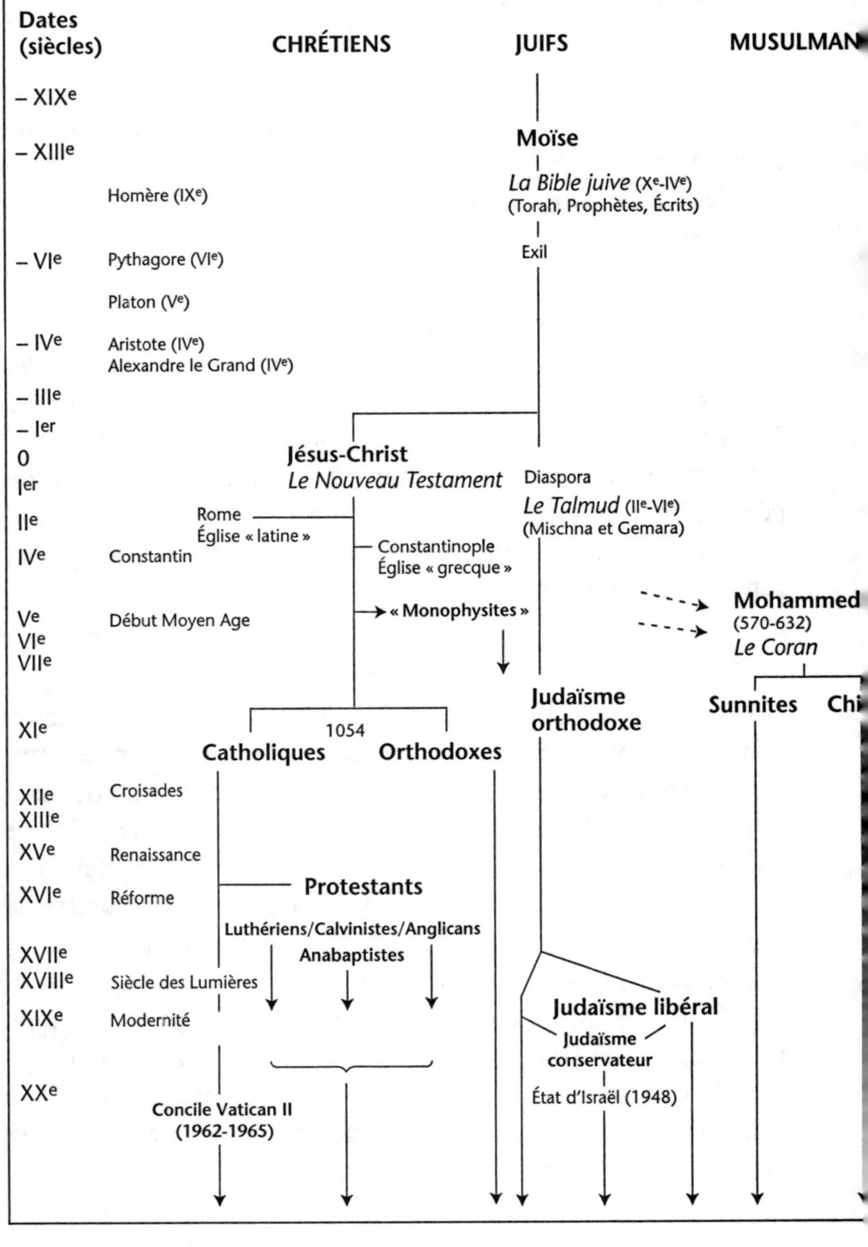

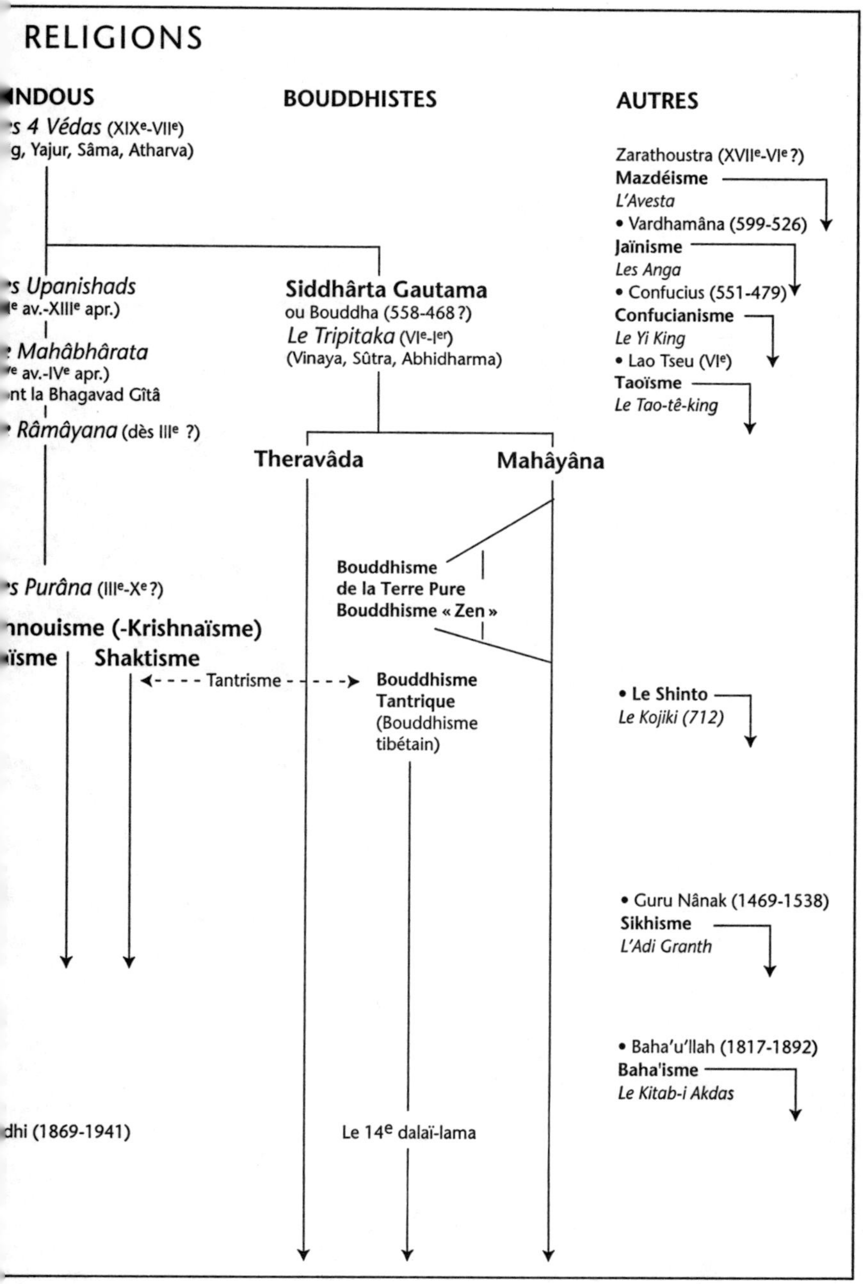
RELIGIONS
INDOUS
s 4 Védas (XIXe-VIIe)
g, Yajur, Sâma, Atharva)
s Upanishads
e av.-XIIIe apr.)
Mahâbhârata
e av.-IVe apr.)
nt la Bhagavad Gîtâ
Râmâyana (dès IIIe ?)
s Purâna (IIIe-Xe ?)
nouisme (-Krishnaïsme)
ïsme
Shaktisme
Tantrisme
dhi (1869-1941)
BOUDDHISTES
Siddhârta Gautama
ou Bouddha (558-468 ?)
Le Tripitaka (VIe-Ier)
(Vinaya, Sûtra, Abhidharma)
Theravâda
Mahâyâna
Bouddhisme
de la Terre Pure
Bouddhisme « Zen »
Bouddhisme
Tantrique
(Bouddhisme
tibétain)
Le 14e dalaï-lama
AUTRES
Zarathoustra (XVIIe-VIe ?)
Mazdéisme
L'Avesta
• Vardhamâna (599-526)
Jaïnisme
Les Anga
• Confucius (551-479)
Confucianisme
Le Yi King
• Lao Tseu (VIe)
Taoïsme
Le Tao-tê-king
• Le Shinto
Le Kojiki (712)
• Guru Nânak (1469-1538)
Sikhisme
L'Adi Granth
• Baha'u'llah (1817-1892)
Baha'isme
Le Kitab-i Akdas

Table

RÉALISATION : PAO ÉDITIONS DU SEUIL
IMPRESSION : BUSSIÈRE CAMEDAN IMPRIMERIES À SAINT-AMAND
DÉPÔT LÉGAL : FÉVRIER 1998. Nº 31550 (4/70)